沖縄戦と孤児院

戦場の子どもたち

浅井春夫

吉川弘文館

目次

第二章　孤児院前史としてのサイパン孤児院

—沖縄戦以前の戦闘経過と占領政策の実験—

まえがき

沖縄戦研究の空白

沖縄戦はまさに本土防衛のための〝捨て石〟であり、持久戦を使命とした住民を巻き込んだ国内におけるもっとも悲惨な地上戦であった。沖縄戦における沖縄住民の戦場死者は、一四万九三六二名（「平和の礎」刻銘者数、二〇一五年六月現在）であり、一家全滅や家族の多数が亡くなった世帯も少なくない。

そうした戦争の実相は、世帯主と家族を失うことにより、多くの孤児と孤老を巷《ちまた》にあふれさせ、交戦中の占領政策のなかで次々とつくられた収容所に、孤児院と養老院が設置されることになった。沖縄は地域の相互扶助的な組織が隅々にまで行き渡っていたが、沖縄戦とその後の占領による住民の収容所への封じ込め政策によって、地域住民の手による孤児と孤老への応急対策は不可能であった。したがって孤児は米軍統治のもとでの孤児院、孤老は養老院で対応することになったのである。

本書では、沖縄戦を契機に開設されることになった孤児院の生成過程とその役割、入所人数、従事者の状況などを歴史的に整理することを目的としている。

本書の内容は沖縄戦研究における空白となっているテーマであり、文献や史料の少ない研究領域である。したがって残存する史資料を繋ぎ合わせながらの論述とならざるをえなかった面も少なくない。それでも本書が沖縄における戦中・戦後の孤児院研究がすすめられるうえで何らかの問題提起になればと願っている。

五つのテーマ

これまで沖縄戦に関しては多くの研究者による研究蓄積と各地の県・市・村史編纂室の取り組み、さらに沖縄戦体験者の手記とインタビュー記録などがあるが、沖縄市の市史編纂の取り組み以外、孤児院に関する研究はきわめて乏しい状況である。本書を出版する意義についてあげておくと、第一は、沖縄戦に関する研究のエアーポケットであった孤児院に関して、その成立と孤児たちの暮らしの実態、占領・統治政策の実際などについて、はじめて全般的に整理したものとなっている。

第二に、各孤児院の実態と動向について、どのような現実があったかに踏み込んで論究している。本書では、とくにサイパン孤児院、コザ孤児院、田井等《たいら》孤児院、石垣救護院に関して各章で論じており、実際の孤児院の状況を把握することができる内容となっている。

第三として、沖縄本島における孤児院だけでなく、その前史としてのサイパン孤児院の運営と実践に関しても、新たな史料に基づいて論じている。サイパン孤児院の運営と実践の教訓が、沖縄本島で活かされなかった歴史をみることができる。

第四に、孤児院の従事者の実像についても、踏み込んで論述をしている。誰によって孤児院が運営されたのかは、孤児院政策の根幹にかかわる事項であるが、従事者の入職経路を史料的に証明するものはない。ただ各孤児院で子どもたちのいのちを支える実践が行われたことに光を当てて、史料に基づいて紹介をしている。

第五として、戦後直後の社会福祉・児童福祉史の空白の時期を埋める歴史の書としての意義を持っている。沖縄の戦後状況（米軍占領下）が沖縄の社会福祉・児童福祉のあり方を歴史的に規定していたことをあらためて考えてみる材料になると考えている。

このような意義が本書にはあると考えているが、こうした内容に応えるものになっているかどうかの評価は、読者の皆様に委ねるしかない。

同時に残された研究課題は少なくない。今後、一二～一四ヵ所はあったすべての孤児院の存在について史料を通して明らかにしたい。その所在地と開設期間、そこでの暮らし、どのように運営されていたのかなど、研究・調査すべき多くの課題がある。

また戦争孤児たちが戦場を潜り抜けてやっと辿り着いた孤児院で、多くの子どもたちが衰弱死している現実が相当数あるが、その事実を立証する統計的史料はまったく発見できていない。孤児および職員の名簿、孤児の引き取り確認書、孤児院の業務日誌、会計報告書、開設・閉鎖の年月日など、孤児院に関する史料はほとんど残存していない。これは沖縄戦と孤児院研究におけるミステリーといえるものである。廃棄されたのか、どこかに眠っているのか、その行方を確認することも自らの課題としておきたい。

さらに、戦争孤児たちの戦後史をまとめてみたいと考えている。関係者と相談のうえ、「戦争孤児たちの戦後史」研究会を二〇一六年には立ち上げたいと計画している。戦争は直接的な戦闘期間だけではなく、その後の長い人生を制約し、それぞれの人生に大きな影を落としている。戦争の事実・現実・真実をこうした角度から検討したいと考えている。

本書の構成

本書は全体を五章で構成している。

「第一章　沖縄戦・戦後占領と孤児院」（初出は「沖縄戦と孤児院」『立教大学コミュニティ福祉学部紀要』第一五号、二〇一三・三）では、沖縄戦の実際を踏まえて、孤児院が必要とされる時代背景と沖縄本島の孤児院に関する現在活用できる史料に基づいて、沖縄本島の各地に広がる孤児院の全体像を描いており、本書の総論的な位置づけにある。戦後の五年余りの期間に再編成が繰り返された孤児院の状況を歴史的に整理している。そのうえで占領政策のなかでの孤児院の位置づけは、基地づくりと戦後占領体制を円滑にすすめるうえでの孤児の囲い込み政策にあると本質を規定している。

「第二章　孤児院前史としてのサイパン孤児院」（初出は「沖縄本島の孤児院前史としてのサイパン孤児院の教訓」『立教大学コミュニティ福祉研究所紀要』第一号、二〇一三・一〇）は、沖縄本島における孤児院政策と運営の実験場としての歴史的意味を、サイパンの新旧の孤児院での取り組みを通して論究している。

「補章　松本忠徳『自叙傳』の史料的価値を考える」（初出は同名論文、「サイパン孤児院」研究プロジェクトメンバー・嘉数よしの・松本忠司・浅井春夫『松本忠徳『自叙傳』』立教大学コミュニティ福祉研究所、二〇一四・二）は、松本忠徳「自叙傳」（一九五五年脱稿）の解説をしている。なお、これまで部分的にしかわかっていなかった「自叙傳」の全文を、立教大学コミュニティ福祉研究所の「企画研究プロジェクト（教員自由企画）」助成を受けて刊行している。

「第三章　コザ孤児院と高橋通仁《たかはしつうじん》院長の歩み」（初出は同名論文、『立教大学コミュニティ福祉学部紀要』第一六号、二〇一四・三）は、もっとも収容人数が多いコザ孤児院の収容人数八〇〇人説に関する疑問を提示している。その開設の歴史と運営内容、歴代院長、収容人数、従事者の実際の仕事内容、子どもたちの実態について論究している。

「第四章　田井等孤児院と日本軍『慰安婦』問題」（初出は同名論文、『立教大学コミュニティ福祉学部紀要』第一七号、二〇一五・三）では、孤児院に収容されて以降に死亡した孤児たちが多く、その実態はネグレクト死といえるものであったことを叙述する。その意味で孤児院はいのちが保障される場ではなかった。沖縄戦における住民被害の類型のなかに孤児院でのネグレクト死などを加えて整理している。もう一つの論究テーマは、孤児院で朝鮮人元「慰安婦」が従事しており、その経過について検討している。孤児院や養老院は、日本軍が壊滅した後、「慰安婦」たちにとって、生きのびるための最後の生活の場であった。

「第五章　石垣救護院の設立と幻の宮古孤児院」（初出は同名論文、『まなびあい』第六号、立教大学コミュニティ福祉学会、二〇一三・六）は、沖縄本島だけではなく、石垣島や宮古島においても、孤児院の必要性が生じていたのであり、そのために群島政府が独自で孤児院を検討した歴史があることを述べる。こうした動きを沖縄県史の重要な一コマとして残したいと願っている。

戦後七〇年に想う

凡《およ》そ世に戦争程非慈善的の大なるものはあらず。多くの壮丁《そうてい》（成年男子―浅井註）はこれが為めに殺され、多くの廃者はこれが為めに生じ、多くの老者はこれが為めに扶養者を失ひ、多くの妻女はこれが為めに寡婦《かふ》となり、多くの児童はこれが為めに孤児となり、あらゆる人生悲哀苦痛はこれが為めに起り来る

この一節は、『東京孤児院月報』（第四九号、一九〇四年三月十五日発行）の表紙に、孤児院幹事の桂木《かつらぎ》頼千代《よりちよ》が「戦争と慈善」と題して書いたものである。

この一文が書かれた時代はちがっても、戦争の本質は変わらない。どのような戦争も〝正義と平和〟や〝自衛〟〝国土防衛〟、沖縄戦の場合は〝本土防衛〟の名のもとに行われてきた。実際にはそうした大義名分さえも住民には知らされることはなかった。そして戦争のいわば後始末を担ってきたのが社会福祉であった。

第二次世界大戦直後はまさに〝戦争の後始末〟としての役割を背負わされてきた。こうした戦争と福祉の負の歴史を再び繰り返すことがあってはならないと考えている。

戦後七〇年に想う。いかなる理由をもってしても、戦争を繰り返してはならない。

戦争は戦争孤児を生み、家族を失った孤老を巷に放り出し、夫を失った寡婦・母子世帯をつくり出し、戦争で傷ついた傷痍《しょうい》軍人を戦後の社会に残すことになる。「沖縄戦と孤児院」研究を通していえることは、戦争の本質は誰も戦争で幸せになることはないという事実である。本書を通して、このことを多くの人たちに伝えることができれば、望外の幸せである。

なお、本書では、「戦死（者）」は、兵士・軍人および軍属の場合に使用し、住民が戦争に巻き込まれて死亡した場合については「戦場死（者）」という用語を使うことにする。「戦争犠牲者」は死亡者だけでなく、戦傷者も含まれるので、死亡者に関しては「戦場死（者）」がより適切ではないかと考えている。民間人の場合は「戦没（者）」という用語が一般的に使われる。戦争によって没した（者）という意味であるが、戦争に巻き込まれて戦場で死亡したという現実を反映した用語が使われるべきではないかと考えている。

いま本書を上梓して、沖縄の現実と歴史、人々への私なりの想いを形にすることができ、ひとつの宿題をなんとかやり遂げた心境にある。

多くの方々の手にとっていただき、歴史のなかに埋もれてきた本テーマに光が当たることがあればと心から願っている。

第一章　沖縄戦・戦後占領と孤児院

―戦後児童福祉史の空白を埋める―

はじめに

沖縄で学ぶということ

沖縄の地で暮らし学ぶ機会がなければ、理解し体得できなかったことが多くあると感じている。沖縄という地がいかにアメリカと日本の政治に翻弄され、利用されてきたのかということをあらためて学ぶことができたし、その支配の源流を沖縄戦後の米軍支配に求めることもできる。いうまでもないことだが、一八七二年の「琉球処分」が日本国家の最も強圧的な支配のはじまりであり、一貫した本土政府の沖縄への姿勢であり、支配関係の出発点であった。琉球処分とは、「明治政府による琉球藩設置から分島問題の終結までをいう。明治維新にともない、一九八二（明治五）年、明治政府は〈琉球国〉を廃して〈琉球藩〉とし、廃藩置県に向けて清国との冊封《さくほう》関係・通交を絶ち、明治の年号使用、藩王（国王）自ら上京することなどを再三迫った。が、琉球が従わなかったため、七九年三月、処分官、松田《まつだ》道之《みちゆき》が随員・警官・兵あわせて約六〇〇人を従えて来琉、武力的威圧のもとで、三月二十七日に首里城で廃藩置県を布達、首里城明け渡しを命じ、ここに事実上琉球王国は滅び、〈沖縄県〉となる。華族に叙せられた藩王（国王）尚《しょう》泰《たい》は東京在住を命じられた。しかし琉球士族の一部はこれに抗して清国に救援を求め、清国も日本政府の一方的な処分に抗議するなど、問題は尾を引いた。外交交渉の過程で、清国への先島分島問題が提案され、調印の段階まできたが、最終段階で清国が調印を拒否して分島問題は流産、琉球に対する日本の領有権が確定した」（琉球新報社編―二〇〇三）という経緯がある。

民衆をどのように支配し懐柔しようとしているのかを追究し続ける姿勢を私たちが持たなければ、結局は為政者のつくる流れに押し流されること、そして徹底して事実・現実・真実を見抜く視点で史資料を読み解くことで権力と対抗していくことの重要性を再認識することができた。その点ではまだまだ私たちは史資料を発掘し、歴史の記録を残す努力が十分とはいえない状況がある。

民衆が権力と対峙するためには、歴史の事実を銘記し共有することが必要であろう。そのひとつの研究課題として、戦後沖縄史のなかの空白期である孤児院の研究があるのではないかと考えている。

戦後児童福祉の出発点と孤児院

わが国における近代の社会福祉・児童福祉の成り立ちは、留岡清男《とめおかきよお》が『生活教育論』（西村書店、一九三九年）で指摘しているように、戦争と飢饉（災害）と貧困に起因している。それはいわば対象論としての認識であるが、社会福祉の発展は、①社会問題とその対象論、②その社会問題にどのように国家が対応するのかという社会福祉政策の展開、③さらにその政策内容に影響を与える国民のさまざまな運動が契機となっている。①～③が交錯しながら、歴史的に社会福祉・児童福祉事業・諸施設などが生成されてきたのである。

わが国における孤児院は、さまざまな社会的困窮を背景に、明治期から大正年間にキリスト教や仏教の救済・布教活動の一環として展開されてきた。第二次世界大戦後、一九四七年十二月制定の児童福祉法に基づいて、戦前の孤児院・育児院などという呼び方から「養護施設」「乳児院」として法制度で規定されることになった。

沖縄においては一九五三年十月まで米軍占領下で児童福祉法は制定されず、孤児院の名称は続いていた。それはまさに沖縄戦で親を亡くし、親とはぐれた名実ともに孤児の施設であったのである。孤児院は米軍の管理統制下で運営され、統廃合を繰り返すなかで、一九四九年末に、沖縄厚生園（現在の石嶺《いしみね》児童園）に統合されることになる（幸地—一九七五・一九頁）。この間の米軍は、本島への米軍上陸の一九四五年四月一日から四六年六月までは海軍が軍政を所管し、同年七月から陸軍に管理・統括権限が移譲されることになった。その陸軍は「第二次世界大戦で捨てられた装備と極東軍司令部のはきだめ」（アーノルド・G・フィッシュ二世—二〇〇二・七二頁）といわれる実状にあった。復帰直前に駆け込み的に「漲水《はりみず》学園」（現在の宮古島市）が一九七二年三月に設立、本土復帰の一九七二年以前では民間児童養護施設である愛隣園が一九五三年九月に設立されたのみである。現在（二〇一五年十一月）は、児童養護施設八ヵ所、乳児院一ヵ所が開設されているが、児童養護施設の子どもたちは沖縄統治の課題としては位置づけられていなかったといえよう。

しかし教育分野の対応をみると、学校の教員は〝促成〟の養成課程ではあるが、一九四六年一月、具志川《ぐしかわ》村田場《たば》（現在のうるま市）に文教学校（一九五〇年の琉球大学の創設によって統合された沖縄戦後初の教員養成機関）が開設され、修業期間は一期生で二ヵ月、二期生で四ヵ月、三期生で六ヵ月と徐々に期間を延長していたが、孤児院の場合は米軍の統治方針のもとでほとんど放置された実態であった。

児童福祉の近接領域である教育分野に関しては、米軍政下において学校教育は重要な支配政策の柱であり、文化戦力の根幹に位置づけられてきたのである（小川—二〇一二・五九〜六一頁）。沖縄統治下におけるアメリカ民政府教育部長を歴任したゴールドン・ワーナーは、当時の米軍政府の教育に関する指令に「第一に考慮すべきは教育制度の整備」をあげており、その「教育計画は郷土の言語や歴史および郷土の芸術や芸能の教育を助成、奨励するものでなければならない」と付け加えている。ただし「軍の事情の許すかぎり」ということが、占領下においては前提であることはいうまでもなかろう（ゴールドン・ワーナー―一九七二・一二三頁）。

教育分野の政策が占領期の中心的課題として位置づけられてきたのに反して、同じ子どもの課題である孤児院は統廃合を繰り返し、沖縄厚生園の一ヵ所に統合されるのである。前述のように、一九四九年十一月に沖縄厚生園に統合されて以降、一九五三年九月に愛隣園が開設されるまで児童養護施設は一ヵ所であった。

当事者へのインタビューを通して

孤児院で暮らしたある方はインタビューのなかで「自分のそれまでの人生をコンクリートに固めて、海に捨てたかった」と語気を強めて言われた。これだけで言葉では言い表せない体験をされてきたことを想像できよう。もちろんその苦難の体験は私自身の想像の域を超えていることも言うまでもない。別の孤児院体験者の方は、職業について尋ねると「それは言えない！」と言下に拒否された。その言葉に潜んでいる闇は深いと感じた。従事者にとっての記憶も、子どものいのちを守り切れなかった記憶として胸にしみついている。自らも生きるか死ぬかの暮らしのなかで、実践の中身はまず食事の確保と衛生面の改善が中心的課題とならざるを得なかったのである。インタビューのなかにみる孤児院は、子どものための福祉施設とは言い難い実態と子どものいのちを守る砦としての側面が混在している実態であった。

交戦中の占領状況というなかで戦後直後は疲弊した生活実態にあった。一九四五年八月ごろの沖縄本島および周辺離島の人口が三三万四四二九人であったことを踏まえると、沖縄在住県民の八五％が収容所生活を余儀なくされていたのである（川平―二〇一一・四二頁）。そうした実態は占領当時の状況であり致し方ない現実という側面もあったが、早期に米軍基地建設の構想をも含んでいた。一九四五年一月に立案された「アイスバーグ作戦」と呼ばれる沖縄攻略作戦の主要目的は、来るべき日本本土への進行に備えて「軍事基地を確立する」ことであった（沖縄県文化振興会公文書管理部史料編集室編―二〇〇一・四六頁）。その目的遂行上、子どもたちが巷《ちまた》にあふれることは邪魔でしかなかった。その意味では県民への収容所生活の強制は、米軍統治のための訓育と基地建設のための労働力活用策としての意味を持っており、孤児院は家族からはぐれた孤児の囲い込み施策としての意味を持っていた。

1 沖縄戦とは何であったか

沖縄戦と戦争トラウマ

二〇一二年八月十二日放映のＥテレ・ＥＴＶ『沖縄戦・心の傷』―戦後六七年 初の大規模調査」は冒頭「いま、沖縄で戦後初となるある調査がはじまっています。看護師や精神科医が沖縄戦を体験した高齢者を対象に、戦争が精神にどのような影響をおよぼしたのか、聞き取り調査を行っています。終戦から六七年、沖縄戦を生き残った高齢者たちがいま、原因不明の不眠やうつのような症状、からだの痛みに苦しんでいます」というナレーションからはじまる。

なぜこうした現実が戦後七〇年も経った沖縄の高齢者のなかで発現をしているのか、現在、沖縄の精神科医、医師、看護師、研究者などで実態調査と研究がすすめられている。いかに沖縄戦が住民に肉体的苦痛とともに精神的苦悩を与えたのかなど、歴史的に辿っていくことで沖縄戦の現実が現代に至っても地続きの問題として現われていることをみてとることができる。

沖縄戦は住民を巻き込んだ地上戦が三ヵ月も続いたことで、本土とは比較にならない戦争の現実が繰り広げられた。

臨戦体制の確立のために沖縄の日本軍は「秘密戦ニ関スル書類」で極秘文書の「県民指導要綱」（一九四四年十一月十八日）で「軍官民共生共死ノ一体化」の方針を打ち出していた。「軍人同様に最高の国家機密を知っている住民が、米軍の捕虜になった時、日本軍の秘密が、住民から漏洩することを恐れ、その『漏洩防止』のために、住民も軍と『共死』するように仕向けていった」のである（石原―二〇一一・一四頁）。

沖縄住民は日本軍に守られないというだけでなく、自国軍隊によって直接に殺害され戦場に投げ出され、逃げまどい、最後には「強制集団死」（渡名喜―二〇一一・八一頁）を余儀なくされた実体験の歴史を持っている。沖縄戦においては「集団自決」の用語がよく使用されるが、自決は自分の意志で自分のことを決めることで、責任をとって自分の手で生命を断つことであり、沖縄戦で多発したのは国家・軍隊に強制・誘導・教唆された集団死であることを明確にすべきであると考えている。まさに住民の生活の場、コミュニティが戦場と化し、その結果、住民の四分の一、約一〇万人が犠牲となったのである。

沖縄戦は、一九四五年三月二十六日に米軍による慶良間《けらま》諸島への侵攻から開始され、四月一日に沖縄本島（読谷《よみたん》村、北谷《ちゃたん》村）に上陸し本格的な戦闘状態に入った。六月二十三日に追い詰められた本島最南端の地である摩文仁《まぶに》の丘で、第三二軍の牛島満《うしじまみつる》中将の自決により組織的戦闘はほぼ終結した。七月二日に至って米軍が沖縄戦の終了を宣言するが、それでもなお日本の守備軍の残存部隊が抵抗をすることもあり、その部隊が米軍との間で降伏調印を行ったのは九月七日になってのことであった。

沖縄戦による死亡者数は、一九七六年三月の沖縄県援護課の発表では、二〇万六五六人で、その内訳は日本一八万八一三六人（沖縄出身者一二万二二二八人うち一般人が九万四〇〇〇人、軍人・軍属が二万八二二八人。他都道府県出身兵六万五九〇八人）、アメリカ一万二五二〇人となっている。一九四四年二月現在の調査で、沖縄の人口は五九万四八〇人である。

人口統計四九万一九一二人という統計が示されることがあるが、その際には軍人・軍属の人数は含まれていない数字である。

また激戦地だった浦添《うらそえ》村では、総人口九二一七人のうち死者数は四一一二人で、死亡率四四・六％、一家全滅率二二・六％となっている。住民の一家全滅率を字別でみれば、安波茶《あはちゃ》四三・三％、仲間《なかま》三一・八％、宮城三一・八％などという激戦地がある（『広報うらそえ』二〇〇五年十月一日号、沖縄国際大学の一九八〇～八一年の石原昌家ゼミナールが浦添市の協力のもとに調査を実施）。

さらに、大激戦地であった嘉数《かかず》の戦災実態調査では、住民数六九五人に対し、死者三七四人、死亡率五三・八％である。その内訳は戦闘員の戦死者が五九人（八・五％）、非戦闘員の戦場死者が三一五人（四五・三％）となっている。非戦闘員六〇七人の戦場死率は五一・七％で、住民の被害の高い比率が特徴となっている（石原監修一九八五・五三～八三頁）。

このような住民を巻き込んだ地上戦と戦後の基地と隣りあわせの暮らしが、現在「遅発性のPTSD（戦争トラウマ）」として発現しているのではないかという精神科医や研究者の指摘がある。戦後を慌ただしく生きてきたなかでは発現しなかったPTSDが、一定の余裕ができた年代になって「タイムカプセルの中に奥深くしまい込まれている」（照屋二〇一二・一三九頁）体験的記憶＝トラウマが溶解してきたと考えることもできる。

沖縄戦は県民の四分の一が亡くなった戦争である。また地域・字によっては住民の死亡率が五〇％を超えるコミュニティもあり、一家全滅率がきわめて高い実態がある。そうした被害の実態はどうして生まれたのかをつぎにみていこう。それは数字の問題だけではなく、一人ひとりの死をめぐる悲しみと苦しみの体験の集積でもある。そのことを事実として受けとめるかどうかが、現在大きな時代の分岐点となっている。

本土の空襲による被害との決定的なちがい

沖縄は、住民を巻き込んだ国内で最大の地上戦が展開された地域である。沖縄県選出の国会議員である糸数慶子氏（無所属）の〝国内唯一の地上戦〟であるといわれてきた沖縄戦に関する質問に対して、政府は二〇一〇年五月二十一日、沖縄戦が第二次世界大戦で国内「唯一の地上戦」とする表現に関し、「沖縄本島及びその周辺のみでそのような地上戦が行われたという認識は必ずしも正確ではない」とする答弁書を閣議決定した。その上で「沖縄戦」の表現を「国内最大の地上戦」とした。沖縄戦研究者は「なぜいま閣議決定」なのかについて疑問を呈し、「沖縄戦をわい小化する意図」があることを指摘している（『琉球新報』二〇一〇年五月二十二日）。

①南京大虐殺の史実、②いわゆる「従軍慰安婦」＝戦時性奴隷の存在、③沖縄戦における日本軍の住民虐殺の事実を否定し覆い隠すことが歴史修正主義の三つの標的とされてきた。②、③に関連して沖縄戦はその実相について常に歪曲《わいきょく》・修正の矛先となってきた。そうした政治的動向を視野において、沖縄戦を本土の戦争体験と比較しつつ、あらためて沖縄戦の本質について確認をしておくことにしたい。

その第一にあげておかなければならない点は、沖縄戦が、住民を巻き込んだ激烈な地上戦が繰り広げられることによって、多くの住民の死、一家全滅率の多さ、遺骨さえも確認できない艦砲射撃と圧倒的な戦力による軍民全滅作戦ともいえる実相を呈したことである。沖縄戦の前段階では、南洋諸島におけるグアム、サイパンなどでの前哨戦、一九四四年十月十日のいわゆる一〇・一〇空襲（那覇市の市街地の九割が壊滅状態になっており、沖縄での敗北は決定的であった）などがあった。すでに沖縄本島での戦闘の結果はみえていたはずであるが、〝本土防衛の捨て石〟としての意味を持っていた。「沖縄戦はいわゆる出血持久作戦としての性格を持っていた。それはできるだけ長く米軍に抗戦し、米軍の損害を増大させ、それによって米軍の本土上陸の時期をのばし戦力を損耗させるという戦略である」（琉球政府編—

一九七一・四八頁）。その目的のために膨大な犠牲を住民に強いることになったのである。

第二に、日本軍による避難壕からの追い出し、家屋の占拠、生活品・家畜などの強奪、情報が米軍に漏れることを恐れた直接的な殺害など、自国軍は住民を守らないことを沖縄戦の膨大な事実と生存者の証言が示している。軍隊の本質を白日のもとに曝《さら》したのが沖縄戦の本質である（沖縄県教育委員会編—一九七六・八九八〜八九九頁）。「洞穴（ガマ）はもともと地元住民の避難所であった。そこへ部隊が移動してきて住民は弾雨の中に追いだされた。手榴弾や軍刀で住民を威嚇して洞穴や墓を占領する日本兵も多かった」し、「日本兵の住民虐殺や学徒隊の集団自決などが発生し、避難民の多くが隠れ場所もなく呆然と砲爆撃のなかをさまよっていた」というのが沖縄戦の偽らざる現実であった。

第三に、戦後も米軍占領下のもとで、収容所生活を強制され、事件・事故が多発するなかで生活をしなければならない状況に置かれてきた。沖縄戦の後は、米軍占領下での収容所生活と強制労働、土地の強奪、米軍兵士による強姦など住民被害は続いていた（川平—二〇一二・六六〜一三二頁）。沖縄戦が終結した後の沖縄の実態は、戦後も苦しむのは住民であり、戦後においても本土の捨て石になってきたことを示している。

第四として、本章のテーマである孤児院政策をあげておきたい。そこにもまた米軍支配の本質をみてとることができる。収容所内に設置された孤児院における子どもの衰弱死は、組織的虐待としてのネグレクト死という側面を持っているといわなければならない。沖縄戦および戦後史において明らかにされていない事実がまだ多くある。そのひとつが米軍政府の孤児院政策であり、孤児院の生活実態と従事者の実践内容である。

これらの四点は、本土の空襲による被害と戦後処理政策との決定的な差異となっている。

2　孤児院の所在地と運営内容

孤児院の実態把握の現状

各地の収容所内に開設された孤児院は、民家を利用した場合（田井等《たいら》孤児院、コザ孤児院）もあるが、テント（二〇～三〇人収容可能、大型テントは一〇〇人収容可能）やコンセット（もともと米軍の組み立て式かまぼこ型兵舎のことであるが、民間に払い下げられ学校、病院、役所、孤児院などに利用された）での臨時的な最低限の居住条件を確保したものにすぎなかったものが多い。

当時の孤児院が継続して存続しなかった状況下で、住民においても孤児院に関心を持つ余裕もなく、統治者である米軍自身の管理体制も曖昧であったなかでは、史資料はきわめて断片的なものが残されているだけである。七尾和晃氏（ルポライター）は、「米軍の太平洋での収容所の記録」を追い続けたが、発見することができないなかで、「やがて確信するに至った。確かに、ないのだ」と書いている（七尾―二〇一〇・一四二頁）。現在入手できる史資料と聞き取り調査、それと所在地の現地調査などによる孤児院に関する事実確認はパズルのようでもあるが、少しずつ全体状況に迫るために、残された記録を読み解き、繋げていく作業が求められている。

一三ヵ所の孤児院

それぞれの孤児院の成り立ちと特徴、沖縄における政策的動向を整理するまでに至っていないが、図1・表1にみるように一三ヵ所を確認することができる。所在地、開設・閉設時期、職員体制と入職経路、運営方法など、具体的な全体状況はまだ明らかにできていない。これらの点については今後の課題として、空白を埋める努力を続けていきたい。

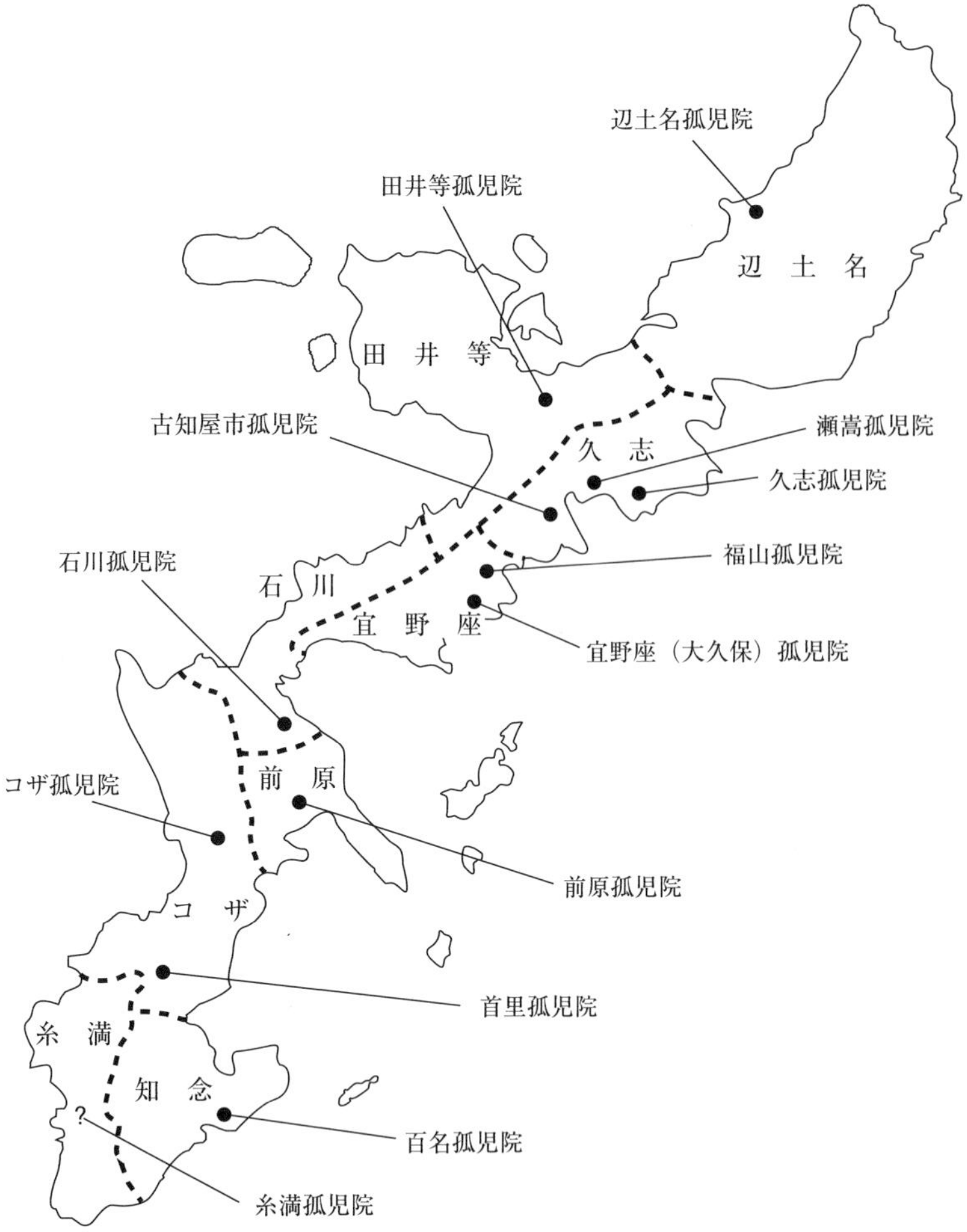

図1　沖縄本島の孤児院所在地図
沖縄の軍政府地区区分図 1945 年 11 月 30 日（沖縄県文化振興会公文書管理部史料編集室編― 2002・52 頁）をもとに作成

開設期間	職員体制	運営の特徴など
	「女の人がそこの手伝いや孤児の世話にまわり」芋の配給などを行う．平良幸子さんらが勤務1)	村の共同作業の一貫として「孤児院の世話作業」が位置づけられていた1)
	1946年　25名（養老院兼務）3)	1947年時点で存続 孤児院で使用の家屋は残存
	「孤児の世話を一切引き受けたのは北谷村喜友名朝誓であった……氏の外に保母も若干名あって，親身も及ばぬ愛情を以って養育の任に当たった」4)	「乳離れのしない幼児があり，幼児，少年と数十名もいた」4)
1949年1月に沖縄厚生園に統合される	1946年　18名	1947年時点で存続
1945年6～7月開設 1949年1月に沖縄厚生園に統合される	1946年　27名	1947年時点で存続 孤児院で使用の家屋は残存
		前原養老院在院者に孤児12名（ウルマ新報「身寄を求む」，1945年12月26日）
1949年1月に沖縄厚生園に統合される	1946年　20名（養老院兼務）3)	
		糸満養護院に寄付の記事（「うるま新報」1947年5月23日）
1949年11月に沖縄厚生園に統合される	1946年　10名	1947年時点で存続

数字は『うるま（ウルマ）新報』1945年11月21日付～1946年4月3日付の広告「身寄を求む」に
記されている数字．4）琉球政府文教局研究調査課編『琉球史料　第4集社会編1』同文教局，
縄初期占領資料』緑林書店，1994年．6）『うるま新報』1946年11月8日付．
ルマ新報』1945年10月24日付，前原市高江洲保護院（5名）『ウルマ新報』1946年1月23日付

表1　敗戦直後の孤児院の所在地・開設期間・収容人数・職員体制・運営の特徴など

	孤児院名	所在地（当時）	収容人数
①	【北部】 辺土名	辺土名市 辺土名から喜如嘉（川口）に移転，その後に羽地に移転	
②	田井等孤児院	羽地村田井等（現在，名護市）	1945年11月　69名2) 1946年4月　75名2) 1946年　33名3)
③	瀬嵩孤児院		1946年1月　38名2)
④	古知屋市孤児院		1945年12月　30名2)
⑤	久志孤児院		1946年1月　46名2)
⑥	福山孤児院	宜野座村福山	1945年12月　122名2) 1946年　42名3)
⑦	宜野座孤児院 （大久保孤児院）	宜野座村漢那	1945年12月　45人2)
⑧	【中部】 コザ孤児院	越来村（現在，沖縄市住吉）	1945年7月14日「孤児院施設は現在，計618人にまで膨らんだ」5) 1945年11月~12月　412名2) 1946年　81名3) 「孤児に福音　首里，胡座，百名の三養護院を整備」の記事あり．それによると当時8ヵ所あった養護院に収容された児童の数は296人となっている6)
⑨	石川孤児院	石川市（現在，うるま市）	1945年10月　82名2) 1946年1月　57名2)
⑩	前原孤児院		1945年12月　16名2)
⑪	【南部】 首里孤児院	首里市当蔵（現在，那覇市）	1946年　65名3)
⑫	糸満孤児院	糸満市 場所は不明，文献考証できず	各院別収容状況-糸満　児　男4女2計6名6)
⑬	百名孤児院	玉城村百名（現在，南城市）	1945年10月　14名2) 1946年　24名3)

1）福地曠昭『村と戦争－喜如嘉の昭和史－』「村と戦争」刊行会，1975年．2）収容人数の上の
掲載された人数．3）収容人数の下の数字は『沖縄民政要覧』1946年，104頁。職員数も要覧に
1959年，182頁。復刻版は，那覇出版社，1988年に発行．5）ワトキンス文書刊行委員会編『沖
※その他，孤児も収容されている孤児院以外の施設および収容人数＝志喜屋養育院（4名）『ウ

3　要保護者への応急対策と孤児院の動静

収容所と孤児院・養老院の開設

米国海軍政府は、一九四五年四月から本島での戦闘の開始によって発生した要保護者（孤児・孤老など）への応急対策として各地の避難地域に仮収容所を設置し、そのなかに孤児院や養老院を開設していった。本土とちがって戦前の沖縄に孤児院、養老院は存在しなかったのであるから、戦後の疲弊した時期に、住民の意識のなかにこれらの施設が記憶されていないことも致し方ない。

一九四五年六月には各難民収容所に孤児院および養老院が設置（収容児童約一〇〇〇人、老人約四〇〇人）されている（幸地—一九七五・一二頁）。

沖縄本島ではすでに一九四五年四〜六月の段階で、米軍が設置した各収容所に収容され、食糧や医療を供給されていた。収容所は、石川、辺土名《へんとな》、田井等、桃原《とうばる》（国頭《くにがみ》村）、久志《くし》、瀬嵩《せだけ》、銀原《ぎんばら》、大浦崎《おおうらさき》、二見《ふたみ》、大川、三原、嘉陽《かよう》、漢那《かんな》、宜野座《ぎのざ》、福山、古知屋《こちや》、古謝《こじゃ》（コザ）、知念《ちねん》、平安座《へんざ》などが収容所の所在地であり（仲地—二〇〇一・八八〜八九頁）、その収容所のなかに孤児院が開設（傍線を引いた収容所に開設）されていた。ここでは一〇ヵ所の孤児院となっているが、その数は時期によってやや流動的である。

米国陸軍軍政活動報告に即して

以下、米国陸軍の「軍政活動報告」から孤児院、福祉関係の記述をピックアップして紹介しておく。沖縄県文化振興会公文書管理部史料編集室編『沖縄県史　資料編二〇　軍政活動報告（和訳）現代四』（沖縄県教育委員会、二〇〇五年）からの紹介であり、頁数を付しておく。

①極東軍司令部司令官　琉球列島における米国陸軍軍政活動報告　第一号　一九四六年七〜十一月

「第三章　社会活動　公衆衛生・福祉

福祉　四、十一月現在琉球で七つの福祉施設が稼働中」（六二頁）

「第四部　社会　第一章　公衆衛生・福祉

福祉施設

八、八月までには沖縄島には一〇の福祉施設が営業開始、入所者は四九五人。うち約四〇％が養老施設、六〇％が戦争孤児施設であった。

九、沖縄島でのこのような施設の統合計画は九月から実施され、結果として施設の数は七つにまとめられた」（九三頁）

②琉球列島における米国陸軍軍政活動概要　第二号　一九四六年十二月

「第三章　公衆衛生・福祉

福祉

二、職場に働きに出る親たちのため一歳から五歳までの子を預かる昼間保育所が那覇と首里で始まる」（一〇七頁）

「第四部　社会　第一章　公衆衛生・福祉

公共福祉」（保育所については触れているが、孤児院の記述なし）

③琉球列島における米国陸軍軍政活動概要　第三号　一九四七年一〜二月

「第三章　社会活動
公衆衛生・福祉
福祉」（具体的な記述なし）
④琉球列島における米国陸軍軍政活動概要　第四号　一九四七年三〜四月
「第四部　社会　第一章　公衆衛生・福祉
公的援助
福祉
一四、全孤児院や養老院の院長会議が、四月三日にコザ孤児院で開かれ、政府施設入居者の衛生、健康、食事の改善について話し合いが行われた。そのほか、入居者の教育、娯楽、安全、施設の管理監督や財務のことも話し合われた」（二一四頁）
⑤琉球列島における米国陸軍軍政活動概要　第六号　一九四七年七〜八月
「公的援助
沖縄
二一、福山の孤児院が少年院になるため、孤児院の子供たちは百名に移動」（三一〇頁）
「南部琉球
二五、八重山では八月に貧困で救助された孤児一〇人、老齢者四人、貧困者七一一人に食糧品七〇〇ポンドを配布した。
二六、宮古列島での四三一人の孤児や老齢の寡婦、身体障害者への金銭面での援助は一万九一一〇円に上

る」（三二一頁）

⑥琉球列島における米国陸軍軍政活動概要　第七号　一九四七年九〜十月

「公的援助

南部琉球

三三、八重山は孤児一〇名、高齢者四名、極貧七〇二名が救済名簿に載っている。

三五、十月の宮古における救済名簿上の四一八名に対する救済金は合計で一万九八三〇円であった。

宮古の救済金

孤児　高齢者　貧困者　病者

一八　四三　三五二　五」（三六〇頁）

⑦琉球列島における米国陸軍軍政活動概要　第九号　一九四八年一〜二月

「公的援助

北部琉球

一七、二月に奄美大島の名瀬の二福祉施設における救済受給者は二八人」（四六八頁）

⑧琉球列島における米国陸軍軍政活動概要　第一二号　一九四八年七〜八月

「福祉

公的援助

二五、沖縄群島における救済事例は予算の関係で七月の一万六七一七〜八月は一万一七八一へと減少した。不当な苦労を迫られることなく親戚が援助できる人はすべて救済名簿から除外された。一五歳以下の被救

済者の数は三五八〇件減少した」（六二四頁）

「児童福祉

二九、八月には軍政府の社会福祉担当官が公安部と提携して、一二の少年審判所で顧問役を務めている。少年三人が軽罰の判決を受け、四人が孤児院行き、五人が父母の許に帰された」（六二五頁）

こうした動向をみても、児童福祉、高齢者福祉の施策は大きな変化をしている状況にはない。簡単に一覧表にすれば、以下の表2～4のとおりである。

一九四七年四月三日、孤児院・養老院長会議が開催され、軍政府長官ならびにワシントン政府宛に感謝状が贈られている。その共同の発行者は以下に列挙する院長である（傍線は筆者）。

沖縄県知事　志喜屋孝信
民政府社会事業部長　山田有幹
田井等孤児院養老院　仲井間憲孝
福山孤児院　伊波寛栄
石川養老院　久場政盛
首里孤児院養老院長　奥浜憲慶
コザ孤児院院長　高橋通仁
百名孤児院　志喜屋盛松

こうした史料から一九四七年四月現在、孤児院数は五ヵ所であったことが確認できる。

沖縄戦が終了して約一年以降、孤児院が沖縄厚生園にすべて統合される一九四九年十一月までの軍政活動報告から

表2　福祉施設数の動向（米国陸軍軍政活動報告に即して）

年月	孤児院政策の動向	施設数・収容人数
1946年7月～	統合がはじめられている．民政府・総務部社会事業課に移管後に統合計画が立てられた	
1946年8月までに	10の福祉施設が事業開始，入所者495人	60％（約300人）が戦争孤児施設，40％養老院
1946年9月から	施設の統合計画の実施で7つにまとめられる方針	※田井等，瀬嵩，福山（孤児），祖慶（老人），漢那，石川，前原，胡差，首里，糸満，百名の11施設を統合へ
1946年11月現在	7つの福祉施設が稼働中	田井等養老院，福山養護院（孤児），石川養護院，胡差孤児院，胡差養護院（孤児，孤老），百名養護院（孤児）
1947年4月3日	琉球列島米国軍政府長官，ワシントン政府への感謝状を発送．沖縄知事以下に5孤児院の施設長が名前を連ねている	田井等孤児院，福山孤児院，首里孤児院，コザ孤児院，百名孤児院の存在を確認
1947年7月～8月	福山孤児院の子どもが百名に移動	福山孤児院は少年院に移行する計画があったが，廃止
1948年7月	孤児院収容人数220人 養老院収容人数106人	施設収容総人数326人
1948年8月	孤児院収容人数223人 養老院収容人数105人	施設収容総人数328人
1949年11月	沖縄厚生園（首里）1ヵ所へ統合	約200名の児童を収容

出典：『沖縄県史　資料編20　軍政活動報告（和訳）現代4』（沖縄県教育委員会，2005年），前原穂積『生命輝け－米軍占領下におかれた沖縄の社会福祉－』（あけぼの出版，2003年，29～31頁），石井洗二研究代表『沖縄の社会福祉に関する歴史的研究』（四国学院大学・石井研究室，2005年，47～51頁）をもとに筆者作成．

表3　孤児院の状況（1946年）

孤児院名	所在地	職員数	収容人員		
			男	女	計
胡差孤児院	越来村	27	45	36	81
福山孤児院	宜野座村福山	18	22	20	42
百名孤児院	玉城村百名	10	17	7	24
田井等孤児院	羽地村田井等	25	20	13	33
首里孤児院	首里市	20	33	32	65
計			137	108	245

出典：『沖縄民政要覧』1946年，104頁.

表4　養老院の状況（1946年）

養老院名	所在地	職員数	収容人員		
			男	女	計
胡差養老院	越来村一班	8	22	17	39
石川養老院	石川市	18	28	28	56
田井等養老院	羽地村田井等	孤児院兼務	20	10	30
首里養老院	首里市	孤児院兼務	10	10	20
計			80	65	145

出典：『沖縄民政要覧』1946年，104頁.

みられる孤児院の動向は、処遇内容については論議されることはほとんどなく、「一九四七年一月政府においては、各地区に散在せるこの施設の指導監督の不便を除去するため、統合計画を樹（ママ）て、養護施設（孤児院）一一ヵ所を四ヵ所に、保護施設（養老院）九ヵ所を三ヵ所に統合した」（沖縄朝日新聞社編―一九五三・一六三頁）のである。しかし指導監督の具体的な内容が論議された形跡は見当たらない。

一九四五年八月十五日～一九四六年四月の沖縄諮詢会（沖縄本島の住民の代表で構成する米軍への諮問機関）の会議録にまったく孤児院の記述はない（沖縄県沖縄史料編集所編―一九八六）。

また沖縄民政府の会議（米軍政府との軍民連絡会議）においても、食糧の配給問題とその不手際が若干論議されただけで、孤児院の抱える問題が正面から論議されることはなかった（沖縄県立図書館史料編集室編―一九八八・九八～一一七頁）。

沖縄民政府の社会（福祉）事業における孤児院施策の本質に関して、「膨大な数の難民にたいする応急処置的な救済事業としてスタートし、米軍予算次第では情容赦もなく打ち切られたり、削られたりして、あくまでも主任務である軍事占領にともなう〝おめぐみ〟」（前原―二〇〇三・一二三頁）としてはじまったという評価が本質を衝いている。

孤児院の統合と沖縄厚生園

一九四五年四月より、琉球米国海軍政府は今次大戦の結果生じた多数の要保護者の応急保護対策として主要な住民避難地域に仮収容所を設けて孤児や孤老を収容し、保護の措置を講じたのである。

一九四六年四月二十四日、沖縄民政府が組織される（米軍により、志喜屋孝信への民政府知事の辞令交付式を実施）と同時にこれらの収容所の施設事務は米軍から民政府に移管され、総務部社会事業課、同年十二月社会事業部社会事業課の直轄となった（山田―一九五五・二四九頁）。軍民連絡会議などの記録（沖縄県立図書館史料編集室編―一九八八）を踏まえれば、「孤児院」「養老院」の管理運営は一九四六年六月から民政府・社会事業課に移管されたとみることができる。

軍政府から民政府への福祉施設の運営権限の移管を受けて、一九四六年七月から「孤児院」「養老院」の統合がすすめられている。

「行政月報」（琉球政府文教局研究調査課編―一九五六・二一二～二一九頁）によれば、以下のような合併統合の経緯が記録されている。

七月十六日　瀬嵩養護院を廃し、胡差《こざ》孤児院に合併統合
七月三十一日　前原養護院を廃し、胡差養護院に合併統合
八月六日　漢那養護院を石川養護院に統合
八月三十日　福山養老院を石川養護院へ統合、石川養護院（孤児）を胡差孤児院へ統合
九月四日　石川養護院孤児一六名胡差孤児院へ
九月五日　宜野座養護院を閉鎖し石川養護院へ合併

統廃合の理由は、「収容施設の指揮監督に不便をきたしたので、施設運営の円滑を図るために」（琉球政府文教局研究

調査課編―一九五九b・五〇頁）という事由があげられている。同時に「当時孤児院二、養老院二、孤児養老院八、計十二ヵ所に孤児三二八名、孤老二〇九名、計五三七名が収容されていたが各地区え（ママ）の分設は食料その他の事情で経営困難が感じられたので、一院に統一すべく逐次これを統合」したのである（沖縄民政府―一九五〇・二四～二五頁）。

一九四七年一月、政府は田井等、瀬嵩、福山（孤児）、惣慶《そけい》（老人）、漢那、石川、前原、胡差、首里、糸満、百名《ひゃくな》（孤児）の一一施設を、田井等養護院（孤児）、福山養護院（孤児、後に百名に合併）、石川養護院（老人）、胡差孤児院、胡差養老院（孤児、老人）、百名養護院（孤児）の七施設、すなわち、養老院三、孤児院四に統合した。一九四八年七月民政府の機構改革によって総務部社会事業課の管轄となり、同年十二月社会事業部施設課に移る。

一九四九年、政府は首里石嶺のチャイナーホーゼ跡（中華民国国民政府軍の駐屯地）の施設を譲り受けて、同年四月より各地の収容施設の統合をあらためて開始し、十一月末日までにこれを完了、保護施設と児童福祉施設を併置して沖縄厚生園と称した（沖縄民政府―一九五〇・五〇～五一頁）。

『ウルマ（うるま）新報』にみる孤児院入所児童数

『ウルマ新報』（一九四六年五月から『うるま新報』）は、日本の敗戦直前の一九四五年七月二十六日に創刊された。日米戦のなかで、住民を巻き込んだ地上戦が行われた沖縄にあって、当初はガリ版印刷で発行、防空壕のなかから活字をひろい集め、第六号から活字印刷・タブロイド判となった。当時は米軍の準機関紙的な位置にあった。そして一九五一年から『琉球新報』に引き継がれることになる。当時の沖縄において、ニュース源は米軍政府からのものが多く、本土からはラジオ放送を傍受して記事にしたものが多い。また、各地の収容所で窮乏生活を余儀なくされていた県民にとっては唯一の情報源であった（『復刻版ウルマ新報』―一九九九の「解説」を参照）。

各地の家族・親戚への情報として孤児院から発信された「身寄を求む」が掲載されている。この広告をみて、子どもを引き取りに来た親戚も少なくないということである。ここに掲載された名前と年齢も、小学校「一・二年生以下の子どもは、自分の名前もわからない子が多かった。体の大きさや話し方で、年齢や出身地を推定するしかなかった」というのが実際であった。そうした状況のもとで「子どもを引き取るのに難しい手続きはなかった」のであり、「他人にもらわれて大変苦労した子もいると後で知り、心が痛んだ」という証言がある（古賀―二〇一〇・一〇頁）。

以下に掲載された発信元である孤児院名と児童数を紹介しておく。

一九四五年十月三日付　「身寄を求む」石川市孤児院　八二名
　石川市養老院も掲載（五七名）
十一月七日付　「身寄を求む」田井等孤児院収容者　七五名
十一月二十一日付　「身寄を求む」コザ孤児院収容者（氏名年齢）　一七七名
十一月二十八日付　「身寄を求む」コザ孤児院（其二）　一八七名
十二月五日付　「身寄を求む」コザ孤児院（其三）　四八名
十二月十二日付　「身寄を求む」宜野座市福山孤児院（氏名年齢）　一二二名
十二月十九日付　「身寄を求む」宜野座孤児院（氏名年齢）　四五名
十二月二十六日付　「身寄を求む」前原養老院在院者　三五名中、孤児は一二名
　二〇歳代が四名
同日付　「身寄を求む」古知屋市孤児院在院者　三〇名
　古知屋市養老院も掲載（一八名）
一九四六年一月十三日付　「身寄を求む」前原市高江洲保護院　三四名中、孤児は四名

同日付　　　　　　久志孤児院　　　　　　　六四名
　　　　　　　　　瀬嵩孤児院　　　　　　　三八名
　　　　　　　　　久志養老院も掲載（九名）
一月三十日付　「身寄を求む」石川市孤児院　五七名
　　　　　　　　　石川市養老院も掲載（三四名）
四月三日付　　「身寄を求む」田井等孤児院収容者　五二名

掲載された孤児の人数の総計は、九九七名となっている。孤児院側が家族・親族の情報を把握していた孤児もいたであろうが、すでにそうした孤児は順次引き取られており、その点では純然たる孤児が掲載されているとみることができる。複数回にわたって掲載している孤児院もあるが、孤児の名前はダブっていない。

『沖縄タイムス』（二〇〇五年十月三十一日）では「当時、コザ孤児院には八百人以上の子どもたちがいた」（「一枚の写真・戦争孤児院物語」（二）避難地区からの移動　統合でコザに八〇〇人収容」）ことが紹介されている。その根拠は不明であるが、コザ孤児院八〇〇人収容説が流布している。そもそも孤児院は各地の収容所に開設されており、一ヵ所に同時に八〇〇人は収容されていなかったであろう。コザ孤児院からの「身寄を求む」（新聞掲載記事）三回の総計では、四一二名であり、頻繁に引き取り者が訪問して、子どもが順次引き取られており、コザ孤児院で暮らした子どもの累積総数が誤解された可能性がある。当時のコザ孤児院に従事していた方へのインタビューで複数の方に確認をしたが、八〇〇人も子どもはいなかったと証言されている。「二軒の民家とテント五棟」（古賀―二〇一〇・九頁）では、八〇〇人の収容は不可能である。私の聞き取りでも、テント一棟に二〇〜三〇名程度であったということである。

なお首里孤児院および百名孤児院、糸満孤児院は「身寄を求む」の掲載はされていない。九ヵ所の孤児院の掲載された孤児の人数は先の通り約一〇〇〇名で、この時期の孤児院側からの対応は、家族・親類らが引き取りに来てくれることに期待をし、積極的な運営や処遇の改善を示した形跡を確認できないことも事実である。処遇の実際をつぎにみていこう。

4　住民被害としての孤児の衰弱死

施策の怠慢とネグレクト死

田井等孤児院、コザ孤児院の従事者の証言でも相当数の子どもたちが衰弱死をしている。この現実はいわば〝ネグレクトによる死亡〟であり、施策の怠慢による緩慢な殺人という側面を持っている。アメリカ占領軍が子どもの生命保持を第一義的に占領政策で位置づけていれば、大量の子どもたちのネグレクト死は免れていたと思われる。そうした点からみても米軍の占領支配は一貫して支配者の視線であり、福祉的な観点での子どもへの施策は脆弱であったといえよう。子どもの発達と権利を保障し、行政運営の基本を規定する児童福祉法などの法的整備は放置され、結局、沖縄児童福祉法が制定されるのは、本土に遅れること五年の一九五三年十月であったという特殊な事情もある。

孤児院での子どもたちの衰弱死に関する統計はない。これも米軍管理のもとで正確な統計が存在しないこと自体が施策の怠慢を物語っている。統計資料や記録を米軍が廃棄したのか、もともとないのか、現在もアメリカのどこかの図書館・史料室に眠っているのかは不明である。

子どもたちの死の現実

田井等孤児院の状況に関する証言でも「毎日のように山から運び込まれてくる小さい子どもたちは、裸にされていましたが、どの子も栄養失調でした。縁側に寝かされても翌朝までに半数は死んでいましたが、『シニイジ』といいますが、子どもたちは汚物にまみれており、朝鮮の女の人たちがダンボールに入れて埋葬していました」（座覇―二〇〇八・一二七頁）という証言にも、かなりの頻度で子どもたちが亡くなっている状況をみてとることができる。

また越来村《ごえく》（現在の沖縄市）のコザ孤児院は当時「子どもの家」と呼ばれた施設であったが、激しい下痢で子どもたちは衰弱しており、大勢の子どもたちがそこで命を落とした。下痢で床張りの部屋は豚小屋のようになっていた。子どもたちの遺体は、衛生係と呼ばれた男性が担架で少し離れた墓地に運んだことが語られている（「一枚の写真・戦争孤児物語」（三）幼子たちの死　激しい下痢　声も出せず」『沖縄タイムス』二〇〇五年十一月一日）。

戦争孤児と戦場死率

孤児院の独自の統計ではないが、コザキャンプの人口（一九四五年四～七月）をみると、四月十六～三十日で子ども（一六歳以下）の死亡数は八人、五月一四人、六月一六人、七月には一四三人（うち乳児は四九人）となっており（沖縄市総務部総務課編―二〇〇五・七六～九〇頁、原資料はワトキンス文書刊行委員会編―一九九四）、そのなかに孤児院の子どもたちが多数含まれていたことは想像に難くない。七月段階になると累計で一歳児以下の乳児は約五〇〇人、一～一六歳男女は約五〇〇〇人を数えている。六月以降、人口は急増し、人口総数一万一六四八人と膨らんでおり、それにともなって子ども・乳児も流入し、孤児院の収容人数も急増したと考えられる。

「糸満市戦災調査」によると、一九四五年一月一日～九月七日に出産した女性は一九六人、出生児は一九八人であるが、母親と赤ん坊の生死状況では、赤ん坊の戦場死率が母親生存の場合は三三・一％であるのに対して、母親が戦場死の場合は八六・二％と非常に高くなっている（糸満市史編集委員会編―二〇〇三・四七七～四七八頁）。県内にいた糸満市の住民は、二万二九六一人で、戦場死者は男性四四一二人（戦没率四二・一％）、女性四〇六一人（同三一・五％）となっている。非戦闘員である女性の三分の一が犠牲になっているところに、住民を巻き込んだ沖縄戦の実相が示されている（糸満市史編集委員会編―二〇〇三・四五五頁）。

日本軍が「軍官民共生共死ノ一体化」の方針を貫いた沖縄戦は必然的に住民の戦場死率を高め、戦争孤児を大量に生み出すことになったのである。戦争の犠牲者としての孤児を収容する孤児院は、戦後処理的施策としては沖縄においてはじめて開設されることになる。

5　孤児院に従事する人々

沖縄戦後の児童福祉の現場

沖縄における戦後直後の従事者の〝補給〟は、聞き取り調査のなかでも多様な人材が関わっている。教師（コザ孤児院、首里孤児院）、師範学校学生（コザ孤児院、百名孤児院）、朝鮮人「従軍慰安婦」＝戦時性奴隷（田井等孤児院、コザ孤児院。コザ孤児院、田井等孤児院の証言では「従軍慰安婦」をさせられていた女性たちが子どもたちに親身になって働いていたことが語られている。コザ孤児院については、謝花―二〇〇五・一二五～一二六頁。田井等孤児院については字誌編集委員会編―二〇〇八・一二六～一二七頁）、看護婦・看護学生（コザ孤児院）、商業従事者（福山孤児院院）、地域の住民（辺土名孤児院）、空手指導者（田井等孤児院、百名孤児院）などで、それは短期間での〝補給〟の繰り返しであった。そもそも沖縄においては従事者自らが生き延びることができるかどうかという状況にあり、労働の質や条件を問う実態にはなかったのである。その出発点が戦後の福祉労働の状態を二重三重に規定してきたといえよう。

沖縄においても本土と同様に敗戦直後の現場実態が政策水準を規定し、福祉従事者の意識を形成してきたことは変わりない。日本本土（当時）の児童福祉施設最低基準が児童養護施設の場合、児童一〇人に対して職員一人の配置基準であったが、これは現場の実状に規定されたものに過ぎなかったのである。さらに寡婦であり、宗教者であることによって、福祉の専門性と労働条件の保障という論議はほとんどないままに収容施設としての機能をどう果たしていくのかが当面する課題となった。それは「狩り込み」―施設収容―「逃亡」という当時の本土の児童養護施設の現実とは様相を異にしている。沖縄戦後の状況は、子どもが逃亡すれば、どこにも居場所がなく、また当初は収容所内に開設されていたこともあり、逃亡はほとんどなかったのである。むしろ一定の年齢の子どもにとっては安全が保障された場所でもあった。多くの場合、家族・親族が探して引き取っていくことが多かったのである。

孤児院の労働状態史研究

孤児院の労働状態史研究の意義を整理しておくと、アメリカの占領政策のなかで孤児院を中心とした福祉施策がどのような本質をもっていたのかを解く手がかりとなり得る。収容所に住民を強制的に管理・統制し、さらに身寄りのない子どもたちは孤児院で囲い込むことが、子どもの生活状態と従事者の労働状態の分析を通して孤児院政策の本質とみることができると考えている。

さらに米軍支配のもとで労働条件の改善要求は抑圧され、無権利状態は続いてきたといえよう。ただ公立施設では労働組合があり、一定の労働条件の改善がなされてきたが、民間の社会福祉施設に関しては労働組合もなく、運動の基盤が未だに形成されていない現状がある。

これまでの沖縄における社会福祉研究をみた範囲では、従事者に関する歴史研究は皆無に等しいし、孤児院の研究も手つかずの状態にある。この課題の研究の足がかりを作ることができればと考えている。

6　孤児院時代が規定する戦後沖縄の福祉状況

孤児の囲い込み政策としての孤児院

沖縄における戦後直後の児童福祉行政＝孤児院の管理運営は、米軍の直接管理のもとに置かれた。戦後の難民のなかには家族を亡くし、離ればなれになった子どもや高齢者が多く含まれていた。米軍は一般住民への住居、衣料、食料、医療を提供するとともに、孤児・孤老の収容保護にあたった。それは「米軍の宣撫賑恤《せんぶしんじゅつ》策の重要な一環をなしていた」（沖縄県―一九九八・二頁）のである。宣撫とは「占領地などで、占領軍の方針をよく知らせて人心を安定させること」であり、賑恤とは「貧困者・罹災者などに金品をほどこすこと」をいうのであり、まさに占領者の視線と施策としての本質そのものであった。

先述の「3　要保護者への応急対策と孤児院の動静」でみたように、政策意思のなかに占領軍としての「指揮監督」の観点はあっても児童福祉の観点をみいだすことは難しい。実際に同じ時期、那覇の中心街には戦災孤児が群がり、罪を犯すものも少なくなかった。一九四九年八月、那覇署に検挙された少年犯六〇名余りのうち大半が戦災孤児であったといわれる（沖縄朝日新聞社編―一九五三・二九六頁）。この孤児対策については米軍も関心を寄せ、沖縄民政府社会事業部に命じて、「被救済世帯中の孤児調について」（沖社第三九七号、一九五〇年六月十五日）の依頼がされているが、さしたる具体策が講じられた形跡はない。

近接領域である教育において、「児童に関する緊急計画」が立てられたが、そこでも「新しい近代教育計画の実施に際し、地元民を選出して組織、指導すること。できうるかぎり教育経験ある者三人あるいはそれ以上を委員に任命して各地域における現地教育活動を監督せしめ、かつこれら諸活動が軍政府規則に合致するものであることを確かめさせること」が指示されており、「この計画がいかに拡大されようとも統制が保たれるような基盤となるよう計画されたもの」であった（ゴールドン・ワーナー　一九七二・一五〜一七頁）。

ここには明確に占領者の方針が貫徹しているとみることができる。ゴールドン・ワーナー氏が直截に論述しているように、「終戦直後の時代には、教育再建という大きな仕事に立ち向かわせるために琉球住民を激励、指導するということはほとんど行われなかった。軍としては、交戦状態の終了に続いて、占領地域内の秩序の維持と、軍本来の任務の遂行に手いっぱいの状態であった」（ゴールドン・ワーナー　一九七二・二一〜二二頁）というのが本音であろう。たしかに収容所でのさまざまな動きはあったが、それは米軍統治下での〝自由〟という限界があったことはいうまでもない。したがって孤児院運営に関して米軍直轄の状況から出発したことも、その後の福祉状況を歴史的に規定してきたといえよう。

このような現実を踏まえると、戦後直後の児童福祉（孤児院時代）は、米軍占領下で子どもは戦争の犠牲者としてまず救助の対象となったが、その施策の本質は、支配管理にとって浮浪児は邪魔な存在であり、児童の囲い込み政策としての側面が強かったのである。医療とともに福祉は「米軍の宣撫賑恤策の重要な一環」であり、教育は占領を円滑に進めるための訓育としての機能に重点が置かれていたといえよう。

戦後沖縄の福祉状況と孤児院政策の本質

現在までの福祉状況の経緯と実際は、敗戦直後は生存をめぐる攻防に終始し、福祉水準を問う状況にはなく、孤児院従事者はまさに沖縄戦をくぐり抜けた人々であり、自らも生きるための場であり専門職としての実践内容を問われることはほとんどなかったのである。

沖縄戦と孤児院に関わって整理しておくと、沖縄では〝交戦中の占領〟がすすむなかで、主には収容所のなかで米軍の管理下で孤児院が開設され、身寄りのない子どもたちが暮らしていた。しかしそのなかで多くの子どもたちが衰弱死をしている現実があった。その意味で孤児院における子どもたちの死は、必ずしも子どもたちにとって米軍はいのちの守り手とはいえなかったことを証明している。米軍の本国への凱旋的宣伝に比して、孤児院の実態は必ずしも子どもたちの成長を保障する水準とはいえなかった面がある。

そうした実態を踏まえて考えると、第一に、孤児院の水準は、米軍の沖縄支配の本質が示されていると考える。孤児院の実態、その開設と運営が何のためにどのように行われたのかを考察することで、戦後沖縄支配の本質が孤児院の実状に示されているのである。

第二に、社会福祉・児童福祉の出発点ともいえる孤児院の実状が戦後の児童福祉の発展を規定してきたのである。住民全体が厳しい生活を余儀なくされてきたなかで、孤児院も劣等処遇の原則に基づいて運営されてきたのである。孤児院の実状は戦後の児童福祉水準を規定してきたといえよう。

第三として、沖縄戦の被害の類型のなかで孤児院は忘れられた存在であったし、沖縄戦の住民被害の新たな存在の意味を持っているといえよう。戦争は戦闘状態が終了した後も住民の被害は継続しているという事実について、孤児院研究を通して知ることができるのである。その意味で孤児院研究は戦争の本質を捉える研究でもある。

第四として、子どもの福祉に関する行政運営の骨格を規定する児童福祉法などの法的整備が遅れていたことも沖縄の特殊な歴史的状況であった。沖縄県児童福祉法が制定されるのは、本土に遅れること五年の一九五三年十月であった。戦後直後の児童福祉の遅れは、アメリカ統治下のもとで、いわゆる本土との格差を残したままで放置されてきたのであり、七二年のいわゆる本土復帰以降も児童福祉水準は低く抑えられてきたのである。日本全体の水準に比して、本土と沖縄の二重構造として残されたままになっている。それは児童養護施設だけでなく、保育所の水準でも格差が放置されたままになっている。その事実は住民の生命と人権をどのように考えて統治しようとしてきたのかという点で、米軍占領から本土復帰後も続く沖縄の戦後支配の出発点のひとつとしての意味を持っている。その点では戦後直後の孤児院への施策が社会福祉・児童福祉施策の基本的な構造として継続されてきたことを確認できると考えている。

第五に、戦中戦後の孤児院研究の空白状況は、沖縄住民の当時の危機的生活状況と隔離された収容所生活の反映であるが、同時に子どもの福祉に関する住民の問題意識の希薄さでもあるといえる。そのことが戦後沖縄の福祉意識にどのような影響を与えたのかも検討すべき課題であると考えている。この点は本書では研究の対象としていない。

沖縄戦と孤児院の関係に関する歴史的な空白をどこまで埋められるか、その第一歩をすすめていきたいと思う。

補足的にいえば（ヤマトンチュの私が書くのはかなりの躊躇があるが）、六〇年代から七〇年代の本土復帰運動のなかで、いわば〝オンナ・子ども〟の問題は政治の課題としては後衛に退いてしまったことも否めない。「沖縄人権協会」「米軍被災者連盟」の運動も厳然と存在していたが、本土復帰運動は女性・子ども・福祉利用者・障がい者・マイノリティを含めた県民みんなの権利保障をどこまで視野において展開されたのかを問い直すことも必要であろう。むしろそれらの人々にとって本土復帰はどのような意義を持っていたのかが問われるべきではなかったか。そのことは本土復帰の是非論ではなく、本土との格差を積極的に是正する施策の検討が政治の課題として正面に据えられる必要があるということである。

まとめにかえて

文字化された史料がきわめて乏しい時代状況の人間の営みをどう記録していくことができるのかは、沖縄の戦中・戦後直後の歴史研究にはついて回る制約である。現状、孤児院の孤児名簿、従事者の名簿および「業務日誌」などの存在は皆無に近い。米軍が所持し本国に持ち帰った史料は膨大な数におよんでいる。大海で小舟を探すごとく困難で労力と時間を要することになろう。

今この時期にこそしなければならない研究ではないかという確信は増しつつあるが、時間との闘いという現実が強く迫っていることを感じている。

「沖縄戦と孤児院」に関わる研究を構想し、順次出版することを計画している。人生の残り時間でできるところまで追究したいと思っている。

第二章　孤児院前史としてのサイパン孤児院

―沖縄戦以前の戦闘経過と占領政策の実験―

はじめに

沖縄戦後の孤児院を研究するうえで、それ以前の本島以外の島々での取り組みについて、戦闘の経過に関わっての孤児院運営の独自の位置づけと特徴をもって語らなくてはならない。いうまでもないことだが、沖縄における戦後の孤児院は沖縄戦をかいくぐってきた住民・孤児たちの再出発・復興の取り組みという側面とともに米軍占領政策に組み込まれた側面を色濃く持っている。

そもそも戦前の沖縄の歴史においては、孤児院および養老院は存在しなかった。近代沖縄の民間社会事業の児童福祉領域でみると、少年感化事業、「私立沖縄訓盲院」などは存在していたが、孤児院は設立されてはいなかった。岡山孤児院の沖縄公演旅行が一九一一年二月六日〜三月中旬に行われ、相当な入場料と寄付金を集めていた。岡山孤児院の沖縄公演の影響は「沖縄の人びとの民間慈善事業に対する理解を深め、寄付をする習慣を身に付けさせたということかもしれない」と評価される面を持っている（末吉一二〇〇四・一八二〜一八六頁）。そうした影響があったにもかかわらず戦前の沖縄においては孤児院が建設されることはなかったのである。それは〝ゆいまーる〟といわれる相互扶助的村落共同体で孤児などは〝吸収〟されてきた面がある。

したがって戦前の沖縄で孤児院が存在することがなかった社会的歴史的背景として、村落共同体での相互扶助、親族による相互扶助、「郷友会活動の骨格」（石原―一九八六・一四頁）による生活支援活動が機能していたことがあった。郷友会とは、「同じ故郷を持つ人の親睦組織。戦前は移民や本土出稼ぎの人たちで結成。戦後は人口の都市集中で、多くの郷友会ができた。強い結束力を持ち、政治、経済の面で影響力を持つ」（琉球新報社編―二〇〇三・一四三頁）というものである。

また沖縄の孤児院をめぐる米軍による施策は、本島を中心に対策が取られたが、離島に関してはほとんど関心を持たれることはなかった。

沖縄本島では、四月一日の米軍上陸の日には米軍による住民の収容所での人数は二一人であったが、六月三十日時点では二八万人超、七月三十日には三二万人に膨れ上がっている（上原―一九八六・四〇七頁）。四五年八月前後の沖縄本島および群島の人口は三三万四四二九人であったので（仲宗根―一九八六・一二二頁）、非収容者は約五万人であり、ほとんどの住民が収容所で管理されていたことになる。

沖縄本島における収容所は二〇あまりが開設されており、辺土名《へんとな》、田井等《たいら》、桃原《とうばる》（国頭《くにがみ》村）、久志《くし》、瀬嵩《せだけ》、銀原《ぎんばら》、大《おお》浦崎《うらさき》、二見《ふたみ》、大川、三原、嘉陽《かよう》、漢那《かんな》、宜野座《ぎのざ》、福山、古知屋《こちや》、古謝《こじや》（コザ）、知念《ちねん》、平安座《へんざ》などが収容所の所在地であり（仲地―二〇〇一・八八〜八九頁）、その収容所のなかに孤児院が開設されていた（傍線を引いた収容所に開設）。『戦後沖縄児童福祉史』によれば、孤児院と養老院の数を一一ヵ所としており、「辺土名、田井等、瀬嵩、福山、惣《そ》慶《けい》、漢那、石川、前原、胡差《こざ》、糸満《いとまん》、百名《ひゃくな》（うち惣慶は養老院のみ）」があげられ、約一〇〇〇名の孤児が収容されていたと記述されている（沖縄県―一九九四・四頁）。

沖縄戦後当初は米軍の指導・管轄のもとに孤児院・養老院は置かれたが、一九四六年四月からは沖縄諮詢会を経て沖縄民政府に移管されている。なぜ戦後直後においては孤児院等の管轄が米軍の指揮下に置かれたのかについての理由は定かではないが、沖縄住民には身寄りのない孤児・孤老の世話をできる余裕がなかった状況では、米軍が直接管理せざるを得なかったというのが実際であった。

沖縄における戦後の行政は、「奄美大島、沖縄群島、宮古群島および八重山群島における知事および民政議員の選挙を行うべし」（軍政長官「琉球列島住民に告ぐ」一九五〇年七月三日）という宣言文が出されたように、本島を中心とした沖縄群島と宮古群島、八重山群島は別個の行政区という状態であった。したがって沖縄群島以外の石垣島、宮古島に関しては、それぞれの群島行政が独自に社会事業への取り組みを行っていたのである。

それ以前の歴史的な段階としてサイパン島などの南洋諸島での孤児院開設が米軍占領のなかで実施されていた。その内容は艦砲射撃（軍艦からの砲撃のことで、沖縄戦では米軍の艦砲射撃が繰り返され、多くの戦死者を出した）や激烈な地上戦、「強制集団死」などで親が死に、取り残された子どもたち＝戦災孤児問題への対応が求められたことによる。いうまでもないことであるが、戦災孤児問題への対応はあくまでも占領政策の一環であったことは戦後沖縄の孤児院の状況をみても明らかである（第一章参照）。

本章では戦後の沖縄本島における孤児院運営の前史であり、いわば実験場でもあったサイパン孤児院の開設から閉鎖までの実際をできるだけ史料をひろい起し、新たに発掘した史料やインタビューなどで補足しながら分析することとした。

サイパンにおいては米軍占領のもとで孤児院がススペ収容所内で設立され、新旧のふたつの孤児院が運営され、旧孤児院の後半期から、とくに新築された孤児院では大きな運営上・実践上の改善があったことを分析する。

当初の構想では、一本の論稿でサイパン島、石垣島、宮古島の三つの島での孤児院をめぐる動きに関して、歴史の事実を本島だけでなく群島のなかで孤児院設立と運営に関係者と行政の努力があったことを整理する予定であった。しかしサイパン孤児院の史料の発掘と聴き取り調査などで新たな事実を確認するなかで、単独の論稿としてまとめることにした。

その理由の第一として、米軍が沖縄本島の孤児院政策を形成するうえで、サイパンの孤児院は結果的に実験場としての意味を持っていた重要性があげられる。新旧孤児院の実態の変化を通して、当時の運営が孤児たちの生命と生活をどのように左右していたのかを考察することができる。米軍はサイパンにおける孤児院改革の実際を踏まえて、沖縄占領期における孤児院運営のあり方に活かすことができたはずだが、そうはならなかった。

第二に、孤児院改革の実際＝処遇水準の向上はどのような内容であったのかについて具体的に考察することが可能であることがあげられる。施設環境と運営システムに関しても史料的に確認できることも重要である。

第三として、とりわけ孤児院の運営責任者である院長の見識が大きな意味を持っていることを考察できる点である。まさに孤児院の運営改善は〝奇跡〟ともいえる状況であった。その〝奇跡〟は米軍占領のもとでの収容所内の孤児院であったが、米軍のキャンプ（収容所）司令官と孤児院管理者・松本忠徳《まつもとちゅうとく》院長（旧孤児院では副院長格で従事）、職員スタッフの人的な組み合わせが偶然に実現した歴史の局面であった。しかしその成果と教訓を沖縄本島の孤児院政策・運営で活かした形跡はみられない。その点でいえば、米軍の占領軍としての本質は、歴史的に出発点から現在まで支配者の姿勢で一貫して不変であることを指摘しておきたい。

1　サイパンでの孤児院設立の背景

戦時下サイパンの様相

一九四三〜四四年前半にかけて連合国軍はソロモン諸島などのパプア半島を攻略し、マリアナ諸島（最南端のグアム島を含め、サイパン島、テニアン島、ロタ島など主要な島は一五ある）にまで迫ってきた。一九四四年六月十九日のマリアナ沖海戦で日本海軍を撃破し、サイパン島、マリアナ諸島を占領したのであった。アッツ島玉砕の一年後であった。マリアナ諸島がアメリカの攻撃戦略目標とされたのは、大型爆撃機であるＢ29が製造されたことで東京を射程に入れた日本本土が攻撃範囲に入ることによる。

サイパン島は、南洋諸島における出稼ぎ移住者のもっとも多いところで、一九二二年には約二〇〇〇人の沖縄県人が渡航し、三一年には一万人を超え、三七年には二万五七七二人に達し、在サイパン邦人のほとんどを沖縄県人が占め、開墾・農業に従事していた（沖縄大百科事典刊行事務局編一九八三（中巻）・一八二〜一八三頁）。

サイパン島には戦前から多くの日本人が住んでおり、戦況の悪化にともなって五〇〇〇人の移住を行ったが、米軍（海兵師団）が上陸した際にも約二万人が島に残っていたのである。島にこれほどの人が残留したのは、サイパン、テニアン、グアムからの引揚船が撃沈されたことで、残ったほうが得策と多くの在留民が判断したことがある（近現代史編纂会編二〇一一・七八頁）。本土が連合国軍の空襲圏内に入ることになれば、日本の敗北は必至となる。その点でサイパン島、マリアナ諸島は重要な拠点であり激戦地となったのである（図2を参照のこと）。

サイパン島での戦闘

「マリアナは日本本土防衛の防波堤ともいうべき要衝にあるため、日本海軍は決戦兵力として第一航空艦隊を配置」しており、サイパン島の陸軍部隊の総兵力は、約二万七五〇〇名を数えていた（陸戦史研究普及会編―一九六八・二〇〜二二頁）。しかしマリアナでの戦闘は悲惨きわまるもので、短期間での玉砕という結果となっている。その経過は次のとおりである。

一九四四年六月十五日　米軍サイパン島上陸
　七月六日　サイパン島日本軍守備隊、大本営へサイパン島奪還が不可能との上奏文を打電
　七月七日　サイパン島陥落。日本軍守備隊約三万人殲滅
　七月七日　米軍グアム島に上陸
　七月二十四日　米軍テニアン島に上陸
　八月二日　テニアン島陥落。日本軍守備隊八〇〇〇人殲滅
　八月十一日　グアム島陥落。日本軍殲滅

サイパン戦で死亡した日本人（軍民）は、約三万三〇〇〇人で、生き残って捕虜となったのは約一万七〇〇〇人である。つまり、サイパン島攻防戦での「軍民全員玉砕」は、事実ではなく、捕虜を出さないことになっている日本軍の〝名誉〟を守る建前の「玉砕」宣伝であった。ただサイパンにおける日本軍兵士の生存率は三・七％（死亡率九六・三％）となっており、殲滅状態であったことに変わりはない。

サイパン島陥落後

圧倒的な軍事力の差によって、日本軍は次々と玉砕、殲滅されていった。マリアナ諸島は、太平洋の防波堤として

図2　サイパン島の位置

不落と信じられていたが、陥落という事態によって米軍が日本軍の国防要線内の諸海域を自由に行動することが可能となった。「マリアナを基地とする米軍に本土爆撃が可能となったばかりでなく、本土に対する直接の侵攻までも考慮しなければならない情勢となった」（陸戦史研究普及会編―一九六八・二二頁）のである。マリアナ諸島の攻略後、サイパン島とテニアン島を制圧し、本土にB29爆撃機が出撃する基地を建設した。テニアン島は広島、長崎への原爆投下の搭載機の発進基地となったことは有名である。

サイパン陥落間もない一九四四年七月下旬に、大本営は南西諸島、台湾、フィリピンなどに決戦準備を命令した。それにともない、大本営陸軍部は「島嶼《とうしょ》守備要領」を発表した。サイパンやグアムなどで実行した玉砕戦法をやめて、地の利を活かした遊激戦（ゲリラ戦法）をもって敵側にも出血を強いる作戦に変更したのである（石原―一九八九・一九四頁）。

その作戦の具体的な内容として「島嶼守備ニ任スル部隊ハ熾烈ナル敵ノ砲爆撃ニ抗堪《こうたん》シツツ長期持久ニ適スル如ク

陣地ヲ編成、設備シ敵ノ攻撃ヲ破摧《はさい》」（防衛庁防衛研修所戦史室編―一九六八・八六頁）することが指示されている。沖縄における日本軍の使命は、本土防衛のための長期持久作戦を遂行することであった。端的にいえば、「日本本土に対するアメリカ軍の攻撃を緩和すれば事足れる位相しかなかった」（玉木―二〇一一・一一六頁）のである。

沖縄においては一九四四年十月十日のいわゆる一〇・一〇空襲によって那覇市内は壊滅状態となる。南洋諸島での戦闘で太平洋戦争の戦況はほぼ決していたと判断できるはずであったが、大本営・日本軍司令部は沖縄を〝本土防衛のための捨て石〟とし、敗戦後の国体護持のための交渉をするための持久戦へと戦略を立てていくのである。こうして多くの犠牲を生み出した戦争の結果、沖縄本島のなかで多くの孤児たちが生み出されることになる。

戦時中と戦後に、サイパン島には孤児の数は四〇〇人いたが、そのうちの三二〇人は里親に引き取られていった。当時の残された孤児は八〇人である（沖縄県文化振興会公文書管理部資料編纂室編―二〇〇四・六七頁）。

こうして引き取られることのなかった子どもたちは、孤児院で暮らすことになる。

2　ススペ孤児院からサイパン孤児院への変遷

ススペキャンプの状況

『米海兵隊公刊戦史』によれば、一九四四年八月下旬までにススペのキャンプに収容された民間人は、日本人一万四二四人、チャモロ人二三五〇人、朝鮮人一三〇〇人、カナカ人八七五人の合計一万四九四九人となっている。人口動態にも精通していた斎藤貞三《さいとうていぞう》によれば、朝鮮人を含む日本の民間人は二万四〇〇〇人近く、日本人と朝鮮人の死者数は一万二〇〇〇人を超え、人口の半数が戦争の犠牲になっている。「民間人の死亡率だけを見れば、サイパンは地上戦の行なわれた戦場として、のちの沖縄戦をも上回る太平洋戦争史上最悪の舞台と化した」（野村―二〇〇五・三〇七〜三〇八頁）のである。

一九四四年七月上旬に組織的戦闘が終わったサイパンでは、南洋興発の製糖工場の裏にススペ（ス스ッペと表記されることもある）収容所が造られ、約二万人が収容された（「ススッペ収容所」という名称は、市史編さん室が嶋峯一氏より借用した収容所内の孤児院の資料のなかに米軍の印刷物があり、それに「CAMP　SUSUPE」と書かれていることから、サイパンの日本人キャンプを「ススッペ収容所」と仮に名付けて使用されてきた〈井波―二〇〇〇・三九〜四〇頁〉）。

本章では旧孤児院を「ススペ孤児院」、新孤児院を「サイパン孤児院」という表記で統一しておく。

ススペ孤児院の悲惨な状況

米軍上陸直後の一九四四年六月に、ススペ収容所内にススペ孤児院が開設された。同年七月に撮影されたススペ孤児院の写真があるが、非衛生的な部屋のなかが写されている。多くの子どもたちがここで亡くなっているのだが、死亡記録の実数は把握されていない。

ススペ孤児院（旧孤児院）では、栄養失調でほとんどの子どもたちは体力が衰え、病気と負傷をしている子どももいた。図3で確認できるように、悲惨な状況を呈していたことは明らかである（沖縄県文化振興会公文書管理部資料編纂室編―二〇〇四・六六頁）。

図3のキャプションには「戦争によって孤児達が増加する。激しい戦争によって子供達は親を失い、取り残され、栄養失調になる。ススッペ孤児院のほとんどの子供達は体力が衰えており、病気を患っている子もいるが、時折負傷している子供も見かける」（沖縄県文化振興会公文書管理部資料編纂室編―二〇〇四・六六頁）と記述されている。

「多くの少年は、怪我が治り退院することができても収容所から迎えに来る親達は見あたらなかった。ほとんどの者が収容所内の孤児院に送られて行くのである。なれた病院生活から離れ難く、出て行くのを嫌がる子供も多かった」（宮城―二〇〇二・一〇一頁）と記憶されている。

サイパンでの孤児院も含めて戦後沖縄の孤児院の在籍名簿、死亡記録などは、現在のところ、米軍管理下においても、沖縄諮詢会、沖縄民政府においても確認されていない。これまでまったく個々の孤児院の記録は公にされていないのである。

図3　開設当時（1944年7月）のススペ孤児院
（沖縄県文化振興会公文書館管理部資料編纂室編―2004）

しかし『米国陸海軍　軍政／民事マニュアル（一九四三年十二月二十二日）』において「民事担当官の職務」として「W　公的福祉　児童、貧困者、障害者、および老人の世話をするための公的および私的施設の監督、およびそのような施設を運営するために必要な現地組織の助長」が掲げられ、「X　記録　以上に述べた軍政府の行政分野およびそれ以外の分野で軍司令官が自ら行なったか、もしくはその権限の下で行われたすべての事柄について完璧な記録を保存することは、彼が正確な資料を提出することを可能にする。このような記録は、平和会議、損害賠償請求処理委員会、調査機関、および史料目的などに欠くことのできないものである」（米国陸海軍―一九九八・二二頁）と明記されている。こうしたマニュアルの趣旨からみても記録が取られてなかったということはありえない。

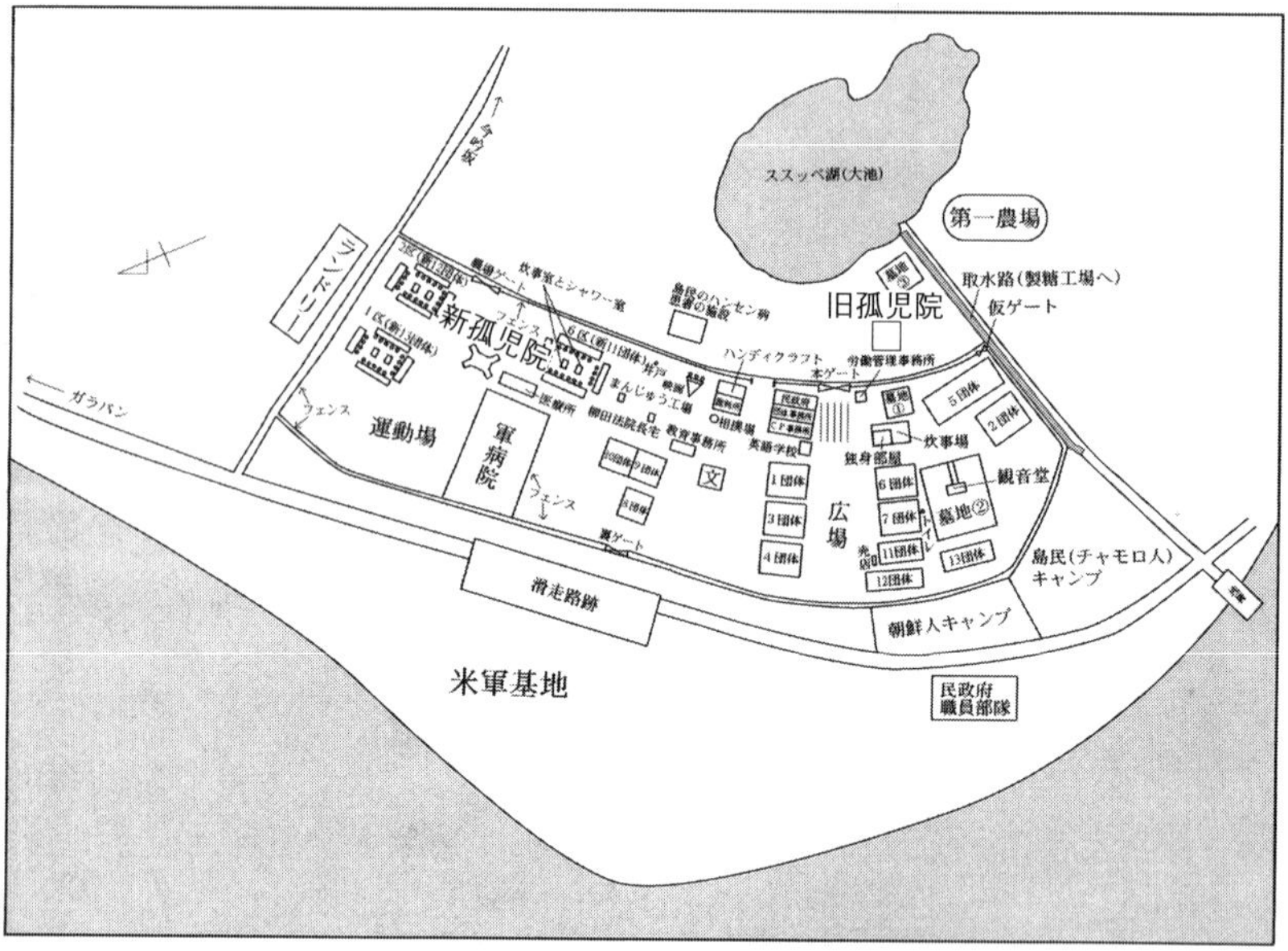

図4　ススペ収容所見取り図と新孤児院の位置
（沖縄県文化振興会公文書館管理部資料編纂室編—2004）

初期のススペ収容所は、図4にみるように、大池（ススッペ湖）側に孤児院、男だけのキャンプ、島民のハンセン病患者の施設、海岸側には島民キャンプ、民政府、独身幕舎、一団体、朝鮮人キャンプがあった。男だけのキャンプは七〇人、八〇人の集団であり、囲んでいる有刺鉄線は特有の機能を持っている。有刺鉄線による鉄条網の機能として、「国境や原発をはじめ産業・公共・軍事など、さまざまな施設の境界に多用されているのは、物理的に侵入者を排除するというよりも、心理的に施設を隔離する機能が重視されたためだろう。心理的な障壁は高い政治性を示すようになった。外と内が政治的信条、思想、民族、宗教の相違で仕切られて、『敵』と『味方』という区分にもなり、『支配』と『従属』、『富者』と『貧者』という対立構造も加わってくる」（石他—二〇一三・二七六頁）のである。サイパンや沖縄本島での鉄条網で囲まれた収容所生活は被支配者としての出発点であり、住民の心理的訓育の意味があったといえよう。鉄条網で囲んでいるだけで、テントも床もなく、地べたでの生活であった（佐々木―二〇〇一・四一頁）。そういう実態が初期の収容所にあったことを踏まえると、孤児院もそれに近い状況にあったと考えられる。

一四歳のとき（一九四四年後半〜四六年一月の期間）にススペ収容所で生活した佐藤多津氏の著書『サイパンの戦火に生きて』によれば、それぞれが生活した幕舎は、「横幅が三十メートル、奥行き十五メートル、高さが二メートル三十センチくらいで、トタン屋根、板張りの床に壁のないバラック」であった。「だいたい百人程度の人が住んで」おり、「こんな幕舎が十棟で一団体をなし、日本人の抑留所には十三団体、約一万三千人の抑留者」がいたことを記述している。また「抑留所では働いていない者は一日二食しか食事」がなかったとのことである（佐藤―一九九六・一二六頁）。

また、収容所では「孤児差別」も少なくなかった。「同じ収容所にいながら親無し子は大人たちに邪魔者扱いにされ放り出された。寝るところがない。キャンプは高床式なので、縁の下にはいり砂地に上着を脱いで敷き妹と二人体を寄せ合って寝た」り、配給物も「焦《こ》げたところをかき集めるようにしたご飯で冷たい差別をうけ」たことも少なくなかった（佐々木―二〇〇一・七八頁）。

旧孤児院はキャンプの隅に掘っ立て小屋のように建てられていた。食べ物に不自由しており、水のようなお粥を食べていた。そうした生活環境のなかで多くの子どもたちが死んでいった。古い孤児院の頃には、すぐ前に死人小屋があり、物置のような小屋に亡くなった人や子どもたちを一時的に収容していた。人数がまとまった頃に連絡をして、トラックに乗せて運んだということである（佐々木―二〇〇一・七九頁）。

3　サイパン孤児院の新設とその運営

サイパン孤児院の新設

ガラパン町（サイパンの町）の副総代であり、サイパンの沖縄県人会会長であり、サイパン孤児院の院長であった松本忠徳著「自叙傳」（詳しくは補章を参照）によれば、キャンプに収容された県人は次の通りであった（戦争で生き残ったもの）。一九四五年四月当時に集約したものと思われるサイパンの日本住民の数字である（沖縄県以外の「他府県人は千人位であった」と記述されている）。

那覇市	二一八人
首里市	八三人
島尻郡	二七九八人
中頭郡	五三六七人
国頭郡	二六〇六人
八重山郡	一三四人
宮古郡	二一人
計	一万一二二七人
孤児	九八人（※傍線—浅井）
出生	四九人

図5　サイパン孤児院での全員写真（最前列中央が松本忠徳院長，松本忠司氏所蔵）

合計　　一万一三七四人

一九四五年四月当時の孤児の数は九八人で、サイパン引き揚げの一九四六年一月二十八日の直前での記述では収容児童数は一三三名と報告されたり、一三七名と記述されたりと若干の変動はあるが（佐々木―二〇〇一・八〇〜八一、九〇頁）、ススペ孤児院開設当初の人数（八〇名）よりも増加している。

また新孤児院の前で全員が写っている図5の人数を確認すると、子どもの数は九九名となっている。こうした収容児童数の変動が何によっているのかは史料的には定かではないが、収容所の人数が膨らむのに連動して、孤児の数も増加していったということができる。旧孤児院の開設当初（一九四四年七月五日に米海軍が創設）は、孤児たちの状況は悲惨をきわめていたが、松本忠徳氏が副院長格で従事するようになって確実に変化をしていくのである。

ススペ孤児院の状況を『マリアナ時報』（一九四五年四月二十七日）が伝えている（図6）。サイパン孤児院

マリアナ時報　（三）

博愛慈善の殿堂……
孤児院の参観記
こみ上げる感謝の念

キャンプ生活者にとつて決して孤児院の存在を忘れることは出来ない、その周境を離れた博愛慈善の殿堂……孤児院のふん囲氣に接した時、何人も朗かな、そして感謝に溢れた涙ぐましさの、自らこみ上げてくるのをきんじ得ないであらう、記者は一日此の愉快な存在である孤児院を訪ねると、それは恐らくキャンプ一の聖なる天から與へられたる業にたづさはり、そしてもうすつかり孤児の親になり切つたと云ふ面持で副院長格の松本忠篤氏は懇篤に記者を迎へながら、大要次のやうな説明を加へてくれました

恩恵と博愛慈善の權化とも云ふべきゴース中佐を院長に、副院長に松本忠篤氏、衛生兵一名、保姆十名、庶務二名、炊事婦三名により一切の面倒を見てゐる

晝食の時を愉しく迎ふ孤児　可愛らし孤児達の食卓

朝の四時半に起床、午前六時までに保姆の指導により、洗面一切を終り、六時から國民學校訓導の出張を求めて體操、遊戯、學科等を教へ、十一時に晝食、午後は約一時間體操遊戯、一時半にはオヤツ、二時半學園を出發、三時歸院、溫浴後四時夕食、四時から六時までは自由の時間として、保姆を相手に樂しく遊ぶ、七時就床、日曜日、水曜日は午後に海水浴に行くと云ふ日課となつてゐる、現在收容人員は八十名であるが、目下診療所附近に新築中の建物が落成の上は百二十五名を收容する豫定である

衛生兵のロバート・ヘーヤーさんは、非常に子供好きの方で……

「預つてゐる間は、日本の子供もにくらしかつたが、今こうして子供を相手にしてゐると、全くにくめない可愛くてたまらない……」とおつしやる、又副院長の松本忠篤氏は

（一）神から授けられたる聖なる業（二）愛せよ、信ぜよ、親和せよ（三）常に児童と共に（五）保姆は努めて個性を知るべし

を信條として、世にも哀れんな孤児の保育に専念してゐる、願出により一旦親せきの許に引取られた孤児が一兩日して再び孤児院に歸つて來ると云ふのを見ても溫かい孤児院のふん囲氣がうなづける

國民學校新築
落成式演藝會

第四國民學校では豫て新築中の校舎が落成したので既に新校舎で授業を開始してゐるが、去る三月二十五日の日曜日には午後一時から同國民學校の新築落成記念兒童學藝會を開催、山越校長以下來賓並びに父兄等多數列席、可憐な兒童の唱歌や遊戯にうち興じ、至極和やかな盛況裡に午後四時頃散會した

學校へ集る美擧

各國民學校新築に關しては所屬區民擧げての勞力奉仕によりその落成を見るに至つたが、更に此の國民學校新築落成や、記念學藝會開催等に際し、第四區有志約百名から多額の金品の寄贈あり、關係者をいたく感激せしめてゐる、此のうち寄付金額は合計五千五百七

図6　「孤児院の参観記」
（『マリアナ時報』1945年4月27日，松本忠司氏所蔵）

（新孤児院）が開設され移転したのは、一九四五年六月六日であるから、『マリアナ時報』で紹介されている記事は、旧孤児院のススペ孤児院である。

「ゴース中佐を院長に、副院長に松本忠篤氏（忠徳の誤記）、衛生兵一名、保母一〇名、庶務二名、炊事婦三名により一切の面倒を見ている。朝の四時半に起床、午前六時までに保母の指導により洗面一切を終わり、六時から国民学校訓導の出張を求めて体操、遊技、学科等を教え、一一時に昼食、午後は約一時間体操遊技、一時半にはおやつ、二時半学園を出発、三時帰院、温浴後四時夕食、四時から六時までは自由の時間として、保母を相手に楽しく遊ぶ、七時就床、日曜日、水曜日は午後に海水浴に行くという日課になっている。現在収容人員は八〇名であるが、目下診療所付近に新築中の建物が落成の上は一二五名を収容する予定である」ことが紹介されている。

松本副院長は、「信条」＝処遇方針として、「（一）神から授けられたる聖なる業、（二）愛せよ、信ぜよ、親和せよ、（三）常に児童と共に（あることを忘れるな＝忠徳氏手書きで補足）、（四）保母は努めて（児童の＝忠徳氏手書きで補足）個性を知るべし」をあげている。

旧孤児院での処遇方針であるが、この方針を実践的に新孤児院で引き継いでいったことはまちがいない。

米軍管理者から松本忠徳院長に交代

サイパン孤児院の子どもたちの状況は一変して健康的である（図7）。

そうした現実は孤児院だけでなく、収容所全体の生活実態と連動した状況にあった。

旧孤児院の時期の収容所の状況について、「楽園地と呼ばれ、慕われていた南洋の孤島サイパン」に一九四三年に渡った知念春江氏（当時二八歳）は、「住民は難民収容所に保護されても、殆ど腹をこわしてバタバタと死んでいった。病院でも手のほどこしようがなく、収容所内に死体処理班まででき、穴を掘って待つ状態であった。ひとつの穴に一五名くらいぼんぼん放り込み、その上に土をかけるだけのことだった。全く哀れな悲しいことであった」と語っており、「一緒にいる女の子の家族も全滅だと知らされた。でもあきらめきれず、死人が運びこまれるたびに確かめにいった。女の子は、後で孤児院に移された」と記述されている（知念―一九八九・一九五〜一九六頁）。

図7　子どもたちの夕食風景
（沖縄県文化振興会公文書館管理部資料編纂室編―2004）

孤児院だけではなく、収容所の生活実態がこうした現状にあったことが確認できる。この状態は、「俘虜は人道をもって取り扱うこと」（第四条）という基本を明記したハーグ陸戦条約（一八九九年にオランダ・ハーグで開かれた第一回万国平和会議において採択された「陸戦ノ法規慣例ニ関スル条約」並びに同附属書「陸戦ノ法規慣例ニ関スル規則」。日本は一九一一年十一月六日に批准）の規定に違反する可能性がきわめて高いといわざるを得ない。第七条「政府はその権内にある俘虜を給養すべき義務を有する。交戦者間に特別な協定がない限り、俘虜は糧食、寝具及び被服に関し、これを捕らえた政府の軍隊と対等の取り扱いを受けること」という規定にも違反するといえよう。

先述のように、旧孤児院であるススペ孤児院での悲惨な状況は、松本忠徳が院長となった新設の孤児院（サイパン孤児院）によって一変する。

「自叙傳」の「第四章　南洋時代（三十八才から五十三才まで）」の「二〇、孤児院経営」の項では、米軍司令部から呼び出され、孤児院で働くことの要請を受けたことが記述されており、入職の条件として、①保母などの雇用の任命権を与えられること、②孤児院を新設することを提示し、それが認められたことで院の運営をまかされたことが記述されている（補章を参照のこと）。

「自叙傳」は、「孤児院の経営状況については別に記録及び写真等もあるので、この伝記に省略す」とあるが、サイパン孤児院の記録は現在まで発見されていない。

その後の孤児院は半年余りで大きく変容する。「特別に用意した食事を与えるなど、十分に配慮をした結果、奇跡が起こった。一九四四年クリスマスまでに、孤児院の子供達は見違えるほどよくなった」こと、さらに四五年四月に撮られた図7では「孤児院の子供達は他の子供達に負けないくらい元気である」と説明されている（沖縄県文化振興会公文書館管理部資料編纂室編―二〇〇四・六七頁）。米軍が公表する写真等は自国への宣伝に役立つものをセレクトしていることも意識してみなければならない。また別の見方をすると、米軍の援助でいかに改善されたのかを宣伝することに利用されたという政治的文脈で読み取ることもできよう。

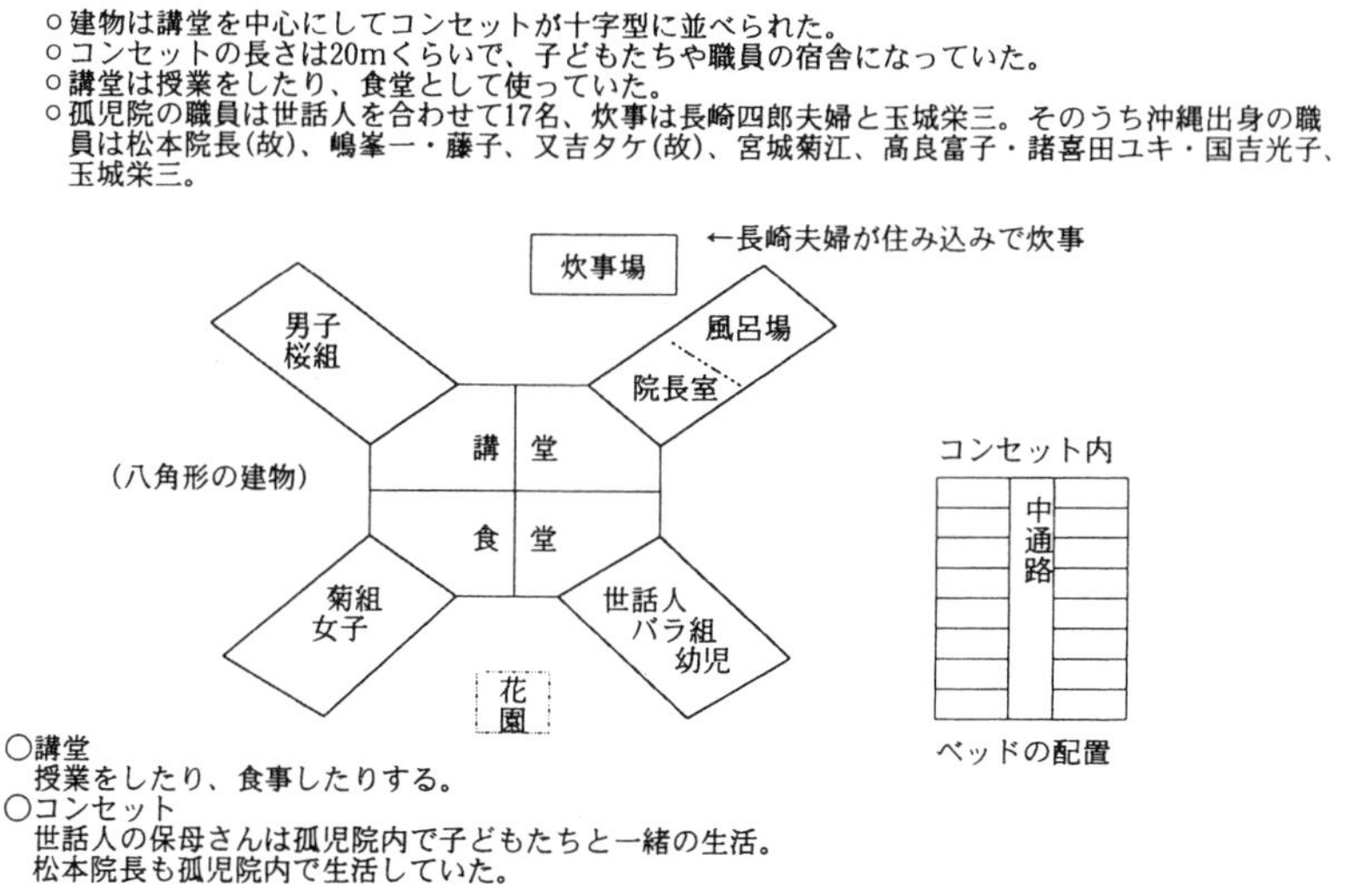
○建物は講堂を中心にしてコンセットが十字型に並べられた。
○コンセットの長さは20mくらいで、子どもたちや職員の宿舎になっていた。
○講堂は授業をしたり、食堂として使っていた。
○孤児院の職員は世話人を合わせて17名、炊事は長崎四郎夫婦と玉城栄三。そのうち沖縄出身の職員は松本院長(故)、嶋峯一・藤子、又吉タケ(故)、宮城菊江、高良富子・諸喜田ユキ・国吉光子、玉城栄三。
炊事場
←長崎夫婦が住み込みで炊事
男子
桜組
風呂場
院長室
講　堂
食　堂
(八角形の建物)
菊組
女子
世話人
バラ組
幼児
花園
コンセット内
中通路
ベッドの配置
○講堂
授業をしたり、食事したりする。
○コンセット
世話人の保母さんは孤児院内で子どもたちと一緒の生活。
松本院長も孤児院内で生活していた。

図8　サイパン孤児院（新孤児院）見取り図とコンセット内の配置
（佐々木—2001・88頁）

サイパン孤児院では、松本忠徳院長を「お父さん」と呼び、食事や繕いをして世話する人たちを「お姉さん」と呼んでいた。週に一〜二回は海水浴に行き、これも子どもたちの健康にとっては大きな意味を持っていたと思われる。子どもたちはどんぐりマークの旗を先頭に、「どんぐりころころ」の歌を繰り返し歌いながら農園や海水浴に行っていた（佐々木—二〇〇一・八九頁）。

運営と成果

孤児院の運営は、小さい幼児はバラ組、女の子は菊組、男の子は竹組と高学年は松組と四つのグループに分けられていた。孤児院の児童数は、一三七名であり、本土出身者が三三名、沖縄出身者が一〇四名（全児童の七六％）となっていた。担当する職員は一六名で、院長と保母（世話係）と炊事係の職員であった。松本院長も院内で生活をしていた。

建物は、講堂・食堂を中心に、コンセットが十字型に並べられてあった（図8）。コンセットの長さは約二〇メートルで、子どもたちや職員の宿舎となっていた。コンセット内は、中通路の両脇にベッドを並べるようになっており、軍隊で使用していた宿舎システムである。

新孤児院になってからは、特別に栄養剤や食料、衣類なども優先的に配給された。ミルクの配給も孤児院だけにあった。医者も病院から健康診断のために訪問していた。米軍の大きな救済支援策が功を奏したことは明らかである。沖縄本島への帰還がはじまる直前の一九四六年一月二十六日に米軍の日本人収容所司令官より、推薦状の意味を持った文書が発行されている。そこには、「貴下ノ孤児院経営ハ卓越セルモノアリタリ」と米軍からも高く評価をされており、新旧の孤児院のちがいは占領軍の視点からしても明確であった。

当初の状況は、「民間人は、捕虜になって収容所に収容されたが、栄養失調で死んでいく者が多かった。負傷者は米軍病院に入院し治療を受けることができたが、栄養失調の人々は、収容所の中で放置された状態であった。特に老人や幼児の犠牲者が目立った。食事は、朝夕二回の握りめしが配られていたが、野菜類は極端に不足していた」（佐々木―二〇〇一・一五二頁）。その後、邦人側は野菜作りを米軍に要請し、それが受け入れられ、ススッペ湖近くの丘陵地帯に「農園」が割り当てられ、サツマイモ、ダイコン、ナスなどの野菜類が収穫できるようになり、栄養失調で死亡する人はしだいに減っていった（佐々木―二〇〇一・一五四頁）。

孤児院の子どもたちは団体で行進をして農場へ出かけて行き、農作業に従事したのである。こうした生活環境のもとで、子どもたちの健康は改善されていったのである。

また教育面においては孤児院のなかにも学校があり、六学年までで複式学級を行っていた。収容所内では、一九四六年の時点で、八学年まであり、全部で五三クラス、それぞれにクラス担任教師が配置されていた。さらに収容所以外の第一～三農場にも八学年までで複式学級であった（佐々木―二〇〇一・四四頁）。

4　孤児院運営の実験からわかること

サイパンの二つの孤児院

ススペ孤児院（旧孤児院）からサイパン孤児院（新孤児院）の流れを箇条書き的に整理すれば、次の通りである。

一九四四年六月　ススペ孤児院開設（松本忠徳氏の「自叙傳」によれば、七月五日に米海軍が開設と記述）。院長は、海軍軍医中佐クラーク・ガース

七月　栄養・衛生状況が悪く孤児の死亡も少なくなかった（実数は不明）

十二月　子どもの健康状態が大きく改善された

一九四五年五月　孤児八〇人（戦中・戦後と孤児は四〇〇人いたが、三二〇人は日本人の里親に引き取られた）

六月六日　サイパン孤児院が開設され移転（図4を参照）

一九四六年一月二十六日　日本人収容所司令官（J.W.BANNON JR）より松本忠徳院長に通知「日本人キャンプ孤児院は一九四六年一月三十日第一次沖縄県人送還に際し閉鎖されるものなり」

一月二十八日　引き揚げが決まり、親戚などがいる子どもは収容所内で引き渡し、残った沖縄出身の子どもたちは松本院長が沖縄に連れ帰った

一月三十日　引取人のいない孤児を連れて、サイパン島を引き揚げ、沖縄へ

二月四日　久場崎《くばさき》に着き、インヌミヤードゥイ（普天間の高原の丘の上）に二ヵ月滞在。身寄りが引き取りに来るまで滞在。引き取り手のない子どもは沖縄の孤児院に移動。その後、松本

院長は一人の子どもを連れて、座間味《ざまみ》島に引き揚げる

沖縄諮詢会会議録（一九四六年二月十一日）には、農業、工務、社会事業、教育に関する調査の件で議論されたなかに、志喜屋孝信《しきやこうしん》委員長が「サイパンから来られた松本忠徳氏のお話をお聞きしますか否や」と聞き、全委員が「聞きませう」と申し合せたことが確認されている（沖縄県沖縄史料編集所編一九八六・二八九頁）。

松本の「自叙傳」でサイパンから沖縄本島に引き揚げた際に、諮詢会でサイパン戦及び戦後の状況について講演したことが書かれており、孤児院の運営についても話されたであろうが、講演内容に関しては史料的に確認することはできていない。

その後、松本は一人の子ども（孤児）を連れて座間味島に移り住んだ。帰島後、さまざまな役職に着き、座間味島の発展に多大な寄与をしているが、一九四八年三月一日には、戦後初代民選村長として座間味村長に就任し、一九五四年九月までの二期を勤めている（座間味村史編集委員会編一九八九・四〇八～四一四頁）。

新孤児院であるサイパン孤児院は孤児院運営において劇的な改善がなされたが、その改善が具体化された要因は、①子どもの健康を守ることができる新孤児院の建設が行われたこと、②食料を孤児院で開墾した農場で確保できるようになったこと、③米軍の援助によって医療や衛生面も大きく改善されたこと（サイパン孤児院は軍病院、医療所のすぐ横に設置されている）、④松本院長の指導のもと炊事係の長崎四郎夫婦、世話係の保母たち、職員の努力が処遇内容に大きく影響したとみることができる。

こうした変化はたまたまではなく、組織的に改善をしてきた結果である。つまりスペ孤児院での初期の子どものネグレクト死がまん延していた状況から、同孤児院における約半年間での大きな変化と新孤児院での八ヵ月という短期間での変化は、養育する基本条件が整備されれば子どものいのちを守り、健康的な暮らしを保障することができる

ことを、結果として実験したことになる。

沖縄戦の実験場としてのサイパン

繰り返し述べてきたように、サイパンは沖縄占領の実験場であった。「米国はサイパン攻略を通じて、民間人の存在する敵領土を軍事力で占領し、政策をどう実施していくかを学んだ」のである。「戦闘の間危機に瀕した民間人は、戦闘終了後も非常事態が布告されている期間は施設に収容され、以後の騒乱で危険な目に遭うことのないように取扱われ」ることを基本に、「施設に収容され組織された民間人には、衣食住及び薬品などの生活必需品」の支給、学校の開設、収容所内の「一つの小屋に二〇人から五〇人」を収容し、「食糧不足を補う野菜造り作業」、仮設の神社の造成、神道の儀式を執り行う、戦争孤児への対応などが具体的な実験として行われたのである（ウィリアム・H・スチュアート—一九九四・一七頁）。

こうしたサイパンでの実験的施策の成果を活かして、沖縄での孤児院開設にともなう条件整備をしていれば、子どものいのちと健康は守られたはずである。しかし沖縄戦終了後の本島の孤児院で多くの子どもたちが死亡したことは事実である。

この事実は米占領軍が孤児院運営について、いのちを守ることを前提にした施策をとろうとしなかった結果である。きわめて短期間で孤児院の子どもたちの健康を取り戻したことは、いわば〝サイパンでの実験〟（同じことは、心理情報戦においても「沖縄戦の宣伝ビラは基本的にサイパン戦の延長戦で考えられた」〈土屋—二〇一一・一三頁〉といわれており、サイパンはこの面でも実験場となっていた）の結果ということができる。その結果でわかっていることを実行しなかったのであり、いわば戦争によるネグレクト死であるといわざるを得ない。戦闘が終結した以降であれば、適切な食糧や医療・衛生の保障ができたはずである。多くの子どもたちが孤児院で死亡する現実を前にしているにもかかわらず、そうした努力をしなかったのは、結局は占領者の視線で子どもへの施策が行われていたということである。

意図的か結果的かは別にして、サイパン島での新旧孤児院の変遷は沖縄戦中・戦後の孤児院政策に関する大いなる参考事例を提示していたはずである。だが、米軍が沖縄占領政策のなかで、その教訓を活かしたとはいえないのが現実であった。

戦後、孤児院時代から沖縄支配は一貫して占領者の視線で貫かれていたといえるのではなかろうか。ルポライターの七尾和晃氏は「沖縄の住民にとっての『捕虜』生活が、米軍にとっての『保護』という強い信念と建前を孕《はら》んでいたことは、しかし今に至るまで（中略）収容所生活の体験者たちにとっては意識されていない。それは、半世紀を超えてなお続く、沖縄における米軍駐留の在り方の、微《かす》かにして、だが決して噛み合わぬ悲劇の芽生えであったかもしれなかった」（七尾―二〇一〇・一〇頁）と書いている。だがサイパン島などの戦争の実際は、米軍が保護という信念を貫いたとは到底いえないし、孤児院の状況はネグレクト死さえも防げなかった実態がある。無差別攻撃の戦争を生き抜いた子どもたちを一九四五年六月以降、死に追いやることは防げたはずであるが、そうした努力がされたとはいい難いのである。孤児院の子どもたちは、親・家族の死と直面し、子どもとして生き成長していく権利が保障されなかったという点で、沖縄戦の二重の犠牲者であったということができる。

まとめにかえて

戦後三四年をすぎた一九八〇年一月二十七日、サイパン島で親を亡くした当時の孤児たちが那覇市内のホテルに集い三四年ぶりの再会を果したことがラジオ沖縄（二月三日午後八時～八時二〇分）で放送された。その放送内容がほぼそのまま郷土誌『青い海』（一九八〇年十二月号）に掲載されている。

その一コマに、八重山《やえやま》から両親が駆けつけ、娘であることを確かめ合った状況が語られている。

私、こんなして頭をさわったり、どこをさわったりしても、私が抱いて育てた子供のような、手も足も出して合わせてみたさーね。そして親子のつながりというのはこんなものかねって思って、わたしすぐ抱きしめてね。――なんとも言えない……。三〇何年か本当に苦労しただろうと思ってね。私あなたをわざわざ捨てたんじゃない、戦争だから、戦争を恨みなさいよ。親を恨んではいけないよと言ってね。私言ったさ。そしたら私に抱きすがって、赤ちゃんのように、赤ちゃんのように抱いてくれって、赤ちゃんと思って自分を抱いてくれって、そう言うんだよ。赤ちゃんのときに別れ別れになったんだから、赤ちゃんのときに離したんだから、赤ちゃんのように抱くよねーって言ってね、そうして一晩を明かしたんです（『青い海』一九八〇年十二月号・一二七頁）。

どんな思いをしながら、孤児たちは生きてきたのであろうか。

アナウンサーはいう。「去る大戦は筋書きのない悲劇のドラマを数多く否応なしにつくり上げた。サイパン孤児もその典型のひとつです。戦争の恐ろしさを改めて思い知らされるドラマが、この人達の心のなかから消え風化することが、いつの日かあるのでしょうか」。

このラジオ放送を掲載した雑誌発行から三五年が過ぎ去っている。私が聞き取りをしたなかで、沖縄厚生園（沖縄県の統合された児童養護施設）で少年期を暮らした方は、「あの時の記憶をコンクリートに固めて、沖縄の海に投げ捨てたいと思って生きてきた」といわれていた。つい最近、職員だったM先生に会って、その気持ちが少し変わったといわれていた。私には推し量ることのできない心情であるが、事実を掘り起し、時間の経過のなかに埋没させない努力はできると思っている。孤児院という空間での暮らしは、そこに生きた子どもたちにとってどのような体験と記憶を残してきたのであろうか。だが記憶のなかから忘却したい事実も少なくない。孤児院で〝収容〟されたことで生き延びることはできたが、そこでの暮らしは子どもたちにとっては苦渋の生活体験であったことのほうが多い。歴史研究は、当事者のこうした心情を前にして、何を歴史の事実として取りあげ、どう記録として残し、いかに行動すべきであろうか。

歴史研究を通して言わなければならないことは、戦争は子ども・人間の不幸を確実かつ広範に生み出すことになるという事実である。それは今日においては歴史学の使命となっていると感じている。あらためて時間的にも史料的にも限界のある研究テーマではあるがまとめてみたいと思っている。

補章　松本忠徳「自叙傳」の史料的価値を考える

1　沖縄とサイパンを生き抜く

脱稿から五九年

二〇〇字詰め原稿用紙で二二三頁におよぶ手書きの「自叙傳」（図9）は、沖縄県浦添市《うらそえ》の松本忠司氏（松本忠徳氏の長男）の自宅に大切に保管されていた。一九五五年五月に脱稿されたものであり、五九年を経てようやく全文が陽の目をみたことになる。

戦後の公選制のもとで座間味《ざまみ》村長を二期歴任し、一九五四年九月に退職したのであるから、七ヵ月余りの期間に執筆したものである。亡くなられたのは一九五五年十二月二十八日であり、脱稿後、半年で人生を閉じられたのである。その意味で本「自叙傳」は、今風にいえば、人生のエンディングノートとして記述されたものである。「自叙傳」の「三七、村長任期満了退職」の項で、「一九五四年九月二十日、村長の任期も満了したので後任の山城村長に引継いで退職す」とあり、「健康を害し、任期中やっと勤めたが、助役以下職員一同が不健康な私をよく補佐してくれたことについては、感銘を深くするものである」と記されている。

座間味村のホームページ（http://www2.vill.zamami.okinawa.jp/info/rekishi.php）で、歴代の村長とその在職期間が掲示さ

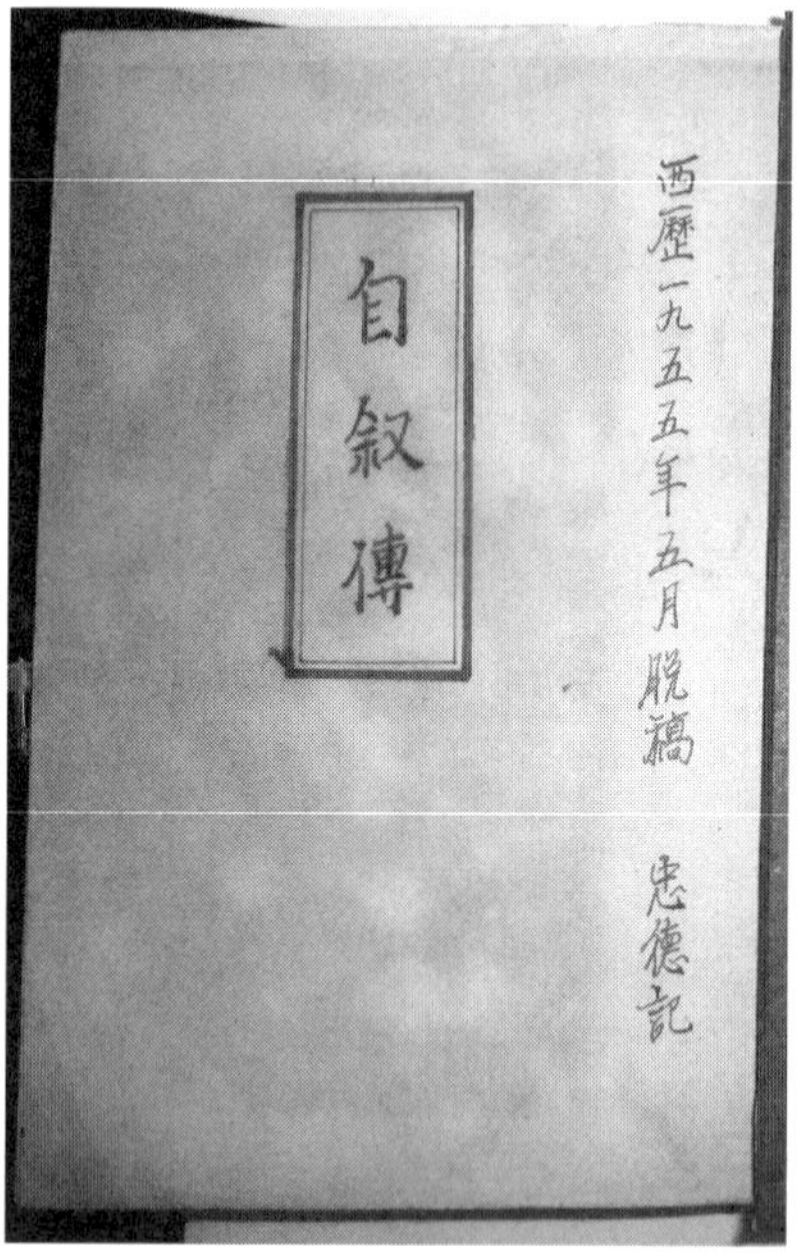

図9　松本忠徳『自叙傳』（松本忠司氏所蔵）

れており、松本忠徳氏は九代目の村長であった。村長在職期間は、「昭和二十三年三月一日〜昭和二十九年一月一日」となっているが、退職は昭和二十九（一九五四）年九月二十日である。一〇代目の村長の在職が同年九月二十一日からとなっており、あらためて在職期間を確定できる。

かなり体調を崩されたなかで、書き記された「自叙傳」であり、さまざまな想いが込められている。激動の昭和史のなかで、沖縄・サイパンの戦前・戦中・戦後を真摯に生き抜いた人間の記録としても価値のある叙述である。

すでに『座間味村史　下巻』（一九八九年）において、サイパン孤児院に関する記述について松本忠徳院長の「自叙傳」から引用（松本忠司氏の提供）されていたので、存在はわかっていたが、「自叙傳」の記述がこれほど時代を描いているとは想像できなかった。

サイパンにおいて孤児院があったことは、『沖縄県史　資料編一八（現代三）キャンプススッペ（和訳編）サイパンにおける軍政府の作戦の写真記録』（沖縄県教育委員会、二〇〇四年）、写真集『サイパンの戦い―太平洋戦争写真史―』（月刊沖縄社、一九八〇年）や沖縄の郷土誌『青い海』（一九八〇年十二月号）での「三四年ぶりの再会・サイパン孤児の集い―ラジオ沖縄」の記事などでわかってはいたが、その全容は明らかにはされていなかった。

松本忠徳氏のご子息と接することができたのは、上記の『座間味村史　下巻』で、松本忠徳氏が戦後はじめての座間味村長に就任した記録などを踏まえて、座間味島に松本姓があるかどうかを調べ、一軒あることを確認し、電話で連絡をしたことで、ご親類から浦添市在住の忠司氏を紹介され、お会いすることができたのである。

二〇一一年度に立教大学から一年間の国内研究（立教大学学術推進特別重点資金）が認められ、沖縄県宜野湾《ぎのわん》市の沖縄国際大学（受け入れ教員＝総合文化学部人間福祉学科・比嘉昌哉氏）で、戦中戦後における沖縄の孤児院研究をすすめるなかで、聞き取り調査などを協同で行った「沖縄タイムス」記者・嘉数よしの氏とともに、松本忠司氏宅を訪問したのは、二〇一三年五月二十日であった。

松本忠徳氏の長男・忠司氏をはじめ、奥様の幸子氏、忠司氏のご長男の忠幸氏、渡口哲郎氏、喜代子氏（忠司氏のご長女）ご夫婦のみなさまが温かく迎えていただいた。私の研究内容を受け容れてもらい、「自叙傳」をはじめ貴重な史料と写真を提供していただき、松本忠司氏からは聞き取りをさせていただいた。ご家族の方々が私の研究に関心と期待を寄せていただきましたことに、あらためて感謝を申し上げるものである。

こうした経緯のなかで松本忠徳「自叙傳」に辿りついたのであり、この内容はサイパンにおける孤児院研究だけでなく、沖縄戦の前哨戦としてのサイパン戦、一五年戦争の視点から沖縄戦を捉えるうえで、また南洋諸島における民衆史の一コマとして、多様な視角から研究史料とされることになろう。

松本忠司氏のご承諾を得て、手書きの「自叙傳」を活字にし、若干の史料、拙稿や嘉数よしの氏の論稿、松本忠司氏の手記を加えた冊子『松本忠徳『自叙傳』』を刊行することができた。歴史のなかで埋没させてはならない史料を刊行し、ヤマトンチュの研究者の責任を少しは果たせたことに安堵している。多くの方々に読んでいただきたいと切に願うものである。なお、本冊子は、立教大学コミュニティ福祉研究所の二〇一三年度「企画研究プロジェクト（教員自由企画型）助成制度」による研究支援を受けて刊行したものである。

松本忠徳「自叙傳」の価値

「自叙傳」は、戦後一〇年が過ぎた一九五五年に書かれたものであるが、第一に、戦前戦中のサイパンの状況をリアルに描いている貴重な記録である。とくに行政的な関わりのあった人物がサイパンの戦時体制や政治の動向も含めて、丹念に記述されていることに特徴をみることができる。サイパンの沖縄県人会の会長として、沖縄県人の島内での現状と動向を数字的に描いている。軍部に属していない人物が日記を踏まえて、記憶を呼び起こして記述したものであり、暮らしのレベルから当時のサイパンの状況を描いている記録として貴重である。

第二に、サイパン戦をめぐる戦況の変化、米軍の侵攻と統治がどのようになされていたのかが、「抑留民」の体験から日常を通して詳しく描かれている。サイパンにおける「抑留民収容所」の状況、アメリカ軍の日本人に対する統治と管理体制なども被占領民の立場から記録されており、さまざまな個人史・手記、歴史記述、字誌などとあわせて読み解いていくことができる記録となっている。

第三として、「自叙傳」を通して、サイパンにおける新旧の孤児院の設立と廃止までの年月と状況を確認することができ、これまで明らかにされていなかった米軍占領下での孤児院設立の経過などが明らかになった。サイパン孤児院はまさに歴史の偶然ともいうべき〝奇跡〟であったことも、記述のなかで発見することができる。それは米軍司令官の指示と松本忠徳氏の指導者としての能力、それを支える従事者の献身的な努力が融合した結果、子どもたちは健康を取り戻し、成長していったことが確認できる。

第四として、サイパンからの引き揚げの動向が具体的に描かれている。この「自叙傳」で明らかになった史実は、松本氏が沖縄諮詢会の志喜屋孝信《しきやこうしん》委員長（一九四五年八月に設置された戦後初の中央政治機関・沖縄諮詢会の委員長に就任。沖縄民政府初代知事を経て、五〇年に琉球大学の初代学長）にサイパンの状況と住民の取り組みを報告していたことであった。

以上の四点からは、戦争が終わっても民衆は苦しみを背負って生きなければならない事実をあらためて読むこととなった。また、孤児院の運営に関わった院長としての責任を最後までまっとうした生き方も記録されている。「自叙傳」には記されていないが、孤児を親類などに引き渡す最後の任務をやり遂げ、どうしても引き取り手がなかった男子一名を連れて、故郷の座間味島に帰還したのであった。その後、どのような父子生活を送ったのかは不明である。

この研究を通してわかった戦後の引き揚げの経緯を知るなかで、私の頭のなかには映画「砂の器」（一九七四年の松竹映画）のいくつかの場面が何度も浮かんだ。どんな想いを胸に座間味島に帰られたのであろうか。いのちを削って書かれた「自叙傳」に込められた想いを読み取る責任が後世の私たちにはあると思う。私自身も児童養護施設の児童指導員として働いた経験があり、この「自叙傳」に出会うことができたのも、何かの縁を感じている。

さらに第五として、戦後の座間味村長としての取り組みが記録されており、いのちを削って真摯に村の行政に打ち込んだことがうかがえる。こうした姿勢が戦前の家族と地域での暮らしのなかで培われたことも想像に難くないが、それ以上にサイパンでの体験が行政担当者としての決意の立脚点にあったといえよう。その点でいえば、一人の人間の自己形成史としての側面を「自叙傳」は内包している。

少なくない自叙伝が自らの人生を自画自賛することに傾注していることをみることがあるが、この「自叙傳」は歴史のなかで一人の人間がどう現実に立ち向かったかがリアルに描かれており、人間の生き方を学ぶ書物ともなっている。残念ながら、「自叙傳」に孤児院に関する記録は多くはないが、民衆のために何ができるかを真摯に求め続けた生き方の一場面として、孤児院での院長職があったのだと思う。

太平洋戦争中のサイパンの戦闘—沖縄戦の前哨戦

一九四四年十月の一〇・一〇空襲や四五年四月からの沖縄戦のみを取りあげるのではなく、それ以前のいわゆる

「満洲事変」（柳条湖事件）からの一五年戦争を視野に入れて捉えることが重要である。

日本の膨張的な経済的軍事的進出により、沖縄からアジア諸国への移民と出稼ぎ者の数は急速に膨れ上がっていた。「とくに昭和期以降は、フィリピンやサイパン、パラオなどの南洋諸島に集中していて、一九三二（昭和七）年の統計によると、南洋委任統治地の沖縄県出身者は約一万五千人、邦人移民の五七％を占めるほどであった。太平洋戦争後の引揚げ前には在留邦人の七割から八割が沖縄県出身者であったと報告されている」（沖縄県教育委員会編―一九七四・一〇九九頁）。

サイパンは、膨張主義的な帝国主義日本の中部太平洋地域の覇権を確保するうえでも、経済的な進出をするうえでも重要な拠点であった。「自叙傳」で書かれているように、「サイパン島には日本全都道府県から移住していた。その中六割《ママ》は沖縄県人であったが、多くは南洋興発会社の小作人と人夫であった」のである。南洋諸島への進出は、沖縄県民が多く、労働者として移民をしていたのである。

そのなかで松本忠徳氏は、「サイパン島沖縄県人会ガラパン支部長」に推挙されている。さらに「ガラパン町副総代」に選ばれており、かなりの地位を得ていた。その点では、松本忠徳氏も時代の大きな流れのなかで生きていたのである。

南洋興発『創立二十周年』（南洋興発株式会社、一九四一年）によれば、サイパンなどへの経済的な進出は、南洋興発によって、一九二三年サイパン工場での製糖を開始し、一九二六年にはサイパン酒精工場での製造を開始、その後、昭和年代に入り、テニアン島、ニューギニア、ロタ島などで製糖・酒精工場を設立している。開戦後は戦局の拡大にともなって、軍による「大東亜共栄圏南方建設事業」を推進するために、外領事業所の設置や拡張が相次いだ（具志川市編さん室編―二〇〇二・四頁）。

松本氏はガラパン町副総代を辞めて、「南洋商会」の経営などにも手を広げていたのだが、戦局の悪化にともなって、商店も縮小せざるを得なかった状況が記されている。

「軍民一体」の戦争体制がどのような結果をもたらすのかを、サイパンの戦闘は如実に物語っていたのだが、戦争指導部はその教訓を活かすことなく、沖縄戦に突入していったのである。「サイパン玉砕」の結果は、戦局を客観的にみれば、米軍上陸の戦闘突入の初期段階で必定であった。経済的な進出としての移民は、戦争体制に組み込まれることでより悲劇的な結果を迎えることになったのである。

キャンプ（収容所）の実際と孤児院

「自叙傳」で記されているように、キャンプに収容された沖縄県人は第二章（五二頁）で紹介した通りであった。この数字も、松本氏が沖縄県人会の会長職であったので把握できたといえよう。沖縄県人を徐く「他府県人は千人位であった」と、「自叙傳」に記されている。

米軍の上陸前の、住民の数は、陸軍二万九〇〇〇人、海軍一万五〇〇〇人、あわせて軍人軍属（軍人以外で、軍隊に所属している者）は四万四〇〇〇人、在留邦人約二万人、原住民のチャモロ、カナカ族約四〇〇〇人という状況であった（具志川市史編さん委員会編―二〇〇五・一七六頁）。全体では、約六万八〇〇〇人であるから、五分の一以下の住民数になったのである。戦闘前の段階での引き揚げがあったにしても、いかにサイパンが激戦地であったかがわかろう。

「関東軍の精鋭部隊」といわれた部隊が「裸同然の部隊」で、「最悪の事態を予測させるような兵士たちの上陸」に出迎えた島民は一様に動揺した（具志川市史編さん委員会編―二〇〇五・一七四頁）。そうした現実を踏まえていえば、サイパンは〝激戦地〟というより、反撃のできないまま米軍による〝馬乗り攻撃〟（洞くつのなかにいる日本軍、住民に向けられた全員殺りくを目的にした攻撃で、火炎放射器の噴射や爆薬を投じるといった馬乗り状態を想起させる一方的な攻撃）が行われたに等しい現状であった。

バンザイ突撃やバンザイクリフなどからの投身自殺をもって、サイパン島の軍民は、「捕虜になる位なら誇り高く潔く死ぬ」という思想に基づいて自決し、「全員玉砕した」と喧伝されてきた歴史がある。しかしサイパン島では、日本の民間人約二万人のうち、約一万二〇〇〇人が米軍によって収容され、生き残った。また軍人約一〇〇〇人、朝鮮人（飛行場建設などの労働者）捕虜約一三〇〇人も出ており、彼らは別々に収容され、軍人は米本土やカナダの収容所に送られた。日本軍は二万三八一一名が戦死し、九二一名が捕虜となったのである（鳥飼行博研究室「サイパン・テニアン島の玉砕戦」http://www.geocities.jp/torikai007/war/1944/saipan.html）。

こうした戦闘の結果、孤児は島内にあふれ、雨露を軒下でしのぎ、残飯をあさる日々であった。また孤児たちへの差別も横行していたのである。そうした現実を松本忠徳氏も目にしていたのであり、「孤児院に関心もあった」と記述されている。

「自叙傳」の「二〇、孤児院経営」の項

「自叙傳」の孤児院に関する記述の分量はそれほど多くないので、全文を紹介しておきたい。「二〇、孤児院経営」の項の記述（一三四～一三八頁）だけでも、新旧の孤児院の設立と松本院長の就任の経過が明らかになったことは貴重である。

「孤児院の日記より」として書かれている和歌には、サイパン戦の悲惨さを子どもたちから嗅ぎ取っている記述がみられる。また孤児たちが引き取られていくなかでの別れの心情が詠われている。松本忠徳院長の人情味の厚さを至るところで読み取ることができるであろう。

二〇、孤児院経営

キャンプに収容されて私は労務を免かれていたので、毎日キャンプ内をブラブラしていたが、司令部から呼出されて思想テストされたり、ジープに乗せられて戦跡や飛行場を見せられて、いろんな事を質問された。案内者はケラー大尉であったが、彼は父が牧師で父と共に十年も東京にいたので、日本語は何でも話していた。毎日キャンプでブラブラしているとき、孤児院に来て働いてくれないかとの交渉を受けた。岸上信夫二世が熱心に話すので（岸上二世は孤児院に深い関心を持ち、寄附金などもしていた）、私も孤児院には関心もあったので次の条件で入った。「保母及傭人の任免権を與《あた》えること。孤児院を新築すること」。この孤児院は昭和十九年七月五日に米海軍が創設したもので、院長は海軍軍医中佐クラーク・ガースで、衛生兵が一人、保母傭人は日本人であった。院長は非常にやさしい人で孤児を可愛がっていた。私が入ってから院長は時々来て私にまかしていたが、要求する設備等もすぐやってくれた。孤児院の新築についてはグワム島の総司令部まで行かれて折衝し出来るようになったと自分でも喜んでいた。昭和二十年六月、病院に隣接して敷地千余坪に諸設備充実した立派な孤児院（写真帳参照）が新築されここに引越した。私は院長室を当てがわれて院の経営を委されたのである。

（註）孤児院の経営状況については別に記録及び写真等もあるので、この伝記に省略す。

孤児院経営中、昭和二十年三月故郷に米軍が上陸したニュース及び写真等を見て、サイパン戦を思い出し、日夜家族のことが頭に浮かんでいたが、八月二十四日はからずも八重から皆無事の便りに狂喜したのであった。それからガース中佐は大佐に昇進し米国に帰えられることになり、孤児院で盛大な送別会を催し、孤児の演芸に歓をつくし最後に蛍の光を歌ったときは、皆感に打たれたのであった。

昭和二十一年（西暦一九四六年）一月、沖縄県人が送還されることになり、孤児院は閉鎖されることになり、司令部からは添付の覚書を貰ったのである。

孤児院の日記より

・過ぎし日の血の香も消えて孤児院に　子等と睦みて今日もくれたり

・孤児等《こども》の身元調べに過ぎし日の　戦の血の香まざまざに湧く

・花植えて子等の雨乞に夜中雨　朝のコスモス生々と咲く

・室内で子等は下駄はきカタコトと　音高くして喜びさわぐも

・孤児院に親子となりていざ別る　千々の思いに身をさかれる加那

※「自叙傳」一三八頁に次の書類（英文および日本語文）が添付されている（傍線部—浅井）。

一九四六年一月二十六日

孤児院　松本忠徳殿

日本人キャンプ司令官

J. W. BANNON JR.

一、前以テ指示サレタル如ク、日本人キャンプ孤児院ハ一九四六年一月三十日第一次沖縄県人送還ニ際シ閉鎖サルルモノナリ。

コレ多クノ未ダサイパン待機中ノ家族ニヨリ多クノ孤児ガ引取ラルルヲ得タルニ依ルモノナリ

二、貴下ノ孤児院経営ハ卓越セルモノアリタリ

三、貴下ハ本覚書ヲ保持シ将来必要ヲ生ジタル場合ノ推薦状タラシメンコトヲ提言ス

サイパン孤児院に関しての「自叙傳」での記録は、上記の記述のみとなっている。

「自叙傳」に「孤児院の経営状況については別に記録及び写真等もあるので、この伝記に省略す」とあり、また「孤児院の日記より」として、当時の孤児と孤児院の状況を詠った和歌（五句）が収められている。そうした記述からみれば、孤児院の記録は別に存在するはずであるが、残念ながらその記録は発見されていない。松本忠司氏にも何度も自宅に残存する史料を確認していただいたが、残っていない。「孤児院の経営状況については別に記録及び写真等もある」という記述からも、サイパンからの引き揚げの際に持ち帰っているのは確かなはずである。若干の写真が存在していることは確認できるが、「記録」おそらく孤児院の日誌に相当する書類、職員・児童名簿等はまだ発見できていない。

戦後直後には一三ヵ所前後あった沖縄本島の孤児院の記録も一切ない。戦後直後は米軍の管理統轄の下にあったので、記録が存在しないはずはない。相当数の子どもの死亡と親類らからの引き取りがあったので、それらの記録が存在しないということはあり得ない。

このような記録の欠如は、沖縄における戦後史の闇となっている。この歴史の闇を解き明かすことは戦中・戦後沖縄の孤児院研究の作業課題であると考えている。

なぜ孤児院院長に就任したのか

右に紹介したように、「自叙傳」の「二〇、孤児院経営」で孤児院に従事するようになった経緯は記述されている。それにしても旧スペ孤児院の状況は悲惨な実態があったのだが、行政に関わる地位を棄ててまで、なぜ孤児院に飛び込んだかは定かではない。

ひとつは、米軍の司令部から島内の現状をみせられることによって、取り残された孤児たちの現実を垣間みるなかで、避けられない使命を感じとったことがあろう。それは忠徳氏の個人的な資質でもあったと思われる。子ども時代に人命救助をしたことが、「三、人命救助」の項で書かれており、また行政の仕事をするなかでも正義感と使命感を発揮している姿を読み取ることができる。

もうひとつは、戦前からの行政マンとしての忠徳氏の基本姿勢が貫かれたことにある。そこに住民の生活問題があれば、そのことを避けて通ることができない性格の持ち主であった。その意味でいえば、孤児院の院長に就任したことは行政マンとしての役割意識が働いていたことも想像に難くない。米軍の援助を引き出す交渉、孤児院建設と合理的運営、管理者としての統括などは、行政マンの資質であったということができる。

さらにいえば、戦場体験を踏まえた生者の自己確認であるという側面を持っているのではなかろうか。「戦場から生還したものたちの書く戦記には、生き残ったものたちが、死者と共有していた過去の時間から、現在の自己を確認しようとする意図が見える。かれら生者は死者とともにあり、死が立ちふさがった瞬間に見つけるべきものを、いまだ問いつづけているのだ。そして多くの場合、それはまだ発見されていない。発見できることが、また彼らの過去の時間に固着させる」（冨山一二〇〇六・五九〜六〇頁）という意味を持ってはいないだろうか。

住民である松本忠徳氏は、軍人として戦場を体験したわけではないが、サイパン戦は「軍民一体化」の方針のもとで住民も実際には戦闘体験をしている。そうした体験から、戦争孤児に関わる仕事は、生者として自己を確認する作業としての側面がある。

それにしても、歴史の偶然というものは、必然のなかで生じるものである。人がその部署に選ばれることも偶然である。その偶然をいかに活かすのかが人間には問われるのである。

サイパンからの引き揚げ

サイパンからの引き揚げに関しては、「自叙傳」の「二一、サイパン島引揚」に帰還の様子が詳しく書かれており、そのなかに「帰還者は次々に入って来る。沖縄本島のものは夫々の地域に帰えされるが、離島のものは次の帰還者を待って、中々帰えしてくれない。二ヶ月も滞留せしめられた。その間に志喜屋委員長の訪問もあり、諮詢会でサイパン戦及戦後の状況について講演す」とある。この「講演」のなかにサイパン孤児院の実態と運営に関する教訓も話されたであろう。

聞き取りがされたかどうかは不明であったが、サイパン孤児院の院長であった松本忠徳氏の「自叙傳」では、右記のように沖縄本島に帰ってから郷里に帰るまでの二ヵ月の間に「志喜屋委員長の訪問もあり、諮詢会でサイパン戦及戦後の状況について講演す」と記述されており、聞き取りはあったことが確認できる。

孤児院の運営と食料配布に関する手立てを聞くことがテーマになっていたのだが、それは一定の改善が行われたことについて教訓として聞き取るべき課題となったとみることができよう。ただし諮詢会での聞き取りで、孤児院運営の改善について語られたのかどうかは定かではない。

この諮詢会での聞き取り＝松本氏の講演の内容がサイパン島での孤児院運営の経験ならば、戦後の孤児院政策を大きく変える可能性があった。しかしそうした可能性は実際には現実のものにならず、本島における孤児院での子どもの死は続いたのである。戦後の孤児院政策を改革する大いなる可能性を持っていた諮詢会での講演であったが、政策上は具体化されなかった。

松本忠徳氏は、座間味村に帰還し、村長を二期勤め、座間味村にとって貴重な行政運営に尽力をされたのである。

2　サイパンを訪ねて

現在のサイパンにおける孤児院の面影を求めて

最近のサイパンの様子について、少し紹介してまとめとしたい。二〇一二年三月十三～十六日の期間、孤児院の存在の確認と史料の収集のために、サイパン島を訪問した。ほとんど孤児院の面影はなかったが、孤児院のあった場所の確認と戦争遺跡などの見学を行ってきた。

サイパン孤児院の所在跡地は、図11の写真のような空き地であった。同様に沖縄本島でその跡地が空き地になっているところは首里孤児院、大久保孤児院（墓地）、福山孤児院、百名孤児院、辺土名孤児院などであった。沖縄本島の孤児院跡を訪れて感じたことでもあるが、因縁めいたものを感じた。ここには孤児たちと従事者の魂が眠っているのだぞと物語っているように感じる、そんな眺めであった。

サイパンは、観光客をグアムに奪われており、いっときの賑わいはなくなっているとのことである。まだ戦争遺跡や戦車などが雨ざらしで置かれている。多くの人間が戦争の荒波にのみ込まれて、いのちを落としている。戦争はその時だけで終わるのではない。あとには戦争孤児、寡婦、傷痍軍人などの戦争障がい者、戦争トラウマなど、人々の人生、家族の歴史を変えてしまう。あらためて戦争孤児を生み出してはならないと思う。そうした想いを松本忠徳院長は、子どもたちとの暮らしのなかで胸に刻んだことであろう。その想いをしっかりと受け継ぎたいと決意している。

以下、写真（著者撮影）に、若干のキャプション（説明文）を付けて紹介する。

図10　旧孤児院（ススペ孤児院）近くのススペ湖

ススペ湖と旧孤児院の位置は，前章の図4（50頁）を参照されたい．旧孤児院は，ススペ湖に近いところにあった．ススペ湖は水深が浅く，軍隊の訓練では銃を頭にして渡って歩いたということである．孤児院の子どもたちも，ここで泳ぐことも多かった．現在，旧孤児院跡は木々に埋もれている．

図11　新孤児院（サイパン孤児院）があった場所

上写真は，現在このような空き地になっており孤児院の面影はまったくない．住民に聞いても1年間余りの開設期間なので，記憶にある人はいない．下写真に残っているのは，左側にある壊れた建物（何であったかは不明）と数件のバラック建て（空き地や災害後の焼け跡などに建設される仮設の建築物）の家があるのみである．約70年前には，確かにここに孤児たちと従事者の暮らしがあったのである．サイパンにおいても孤児院があったことはほとんど歴史研究の光が当てられていない．

その他の戦争遺跡

最後に、孤児院以外のサイパンに残された戦争遺跡を紹介しよう。

図12　おきなわの塔と碑文（サイパン島マッピ,メモリアル公園内）

おきなわの塔は, 沖縄が米軍統治下にあった1968年に琉球政府が建立. 戦前, 日本統治時代のサイパンのサトウキビ労働者には, 暑い気候とサトウキビ栽培に慣れた沖縄出身者が最も適していると考えた南洋興発の方針により, 沖縄県の出身者が多かった. サトウキビ栽培・製糖産業に大きく貢献した沖縄出身者は,「軍民一体」の方針のもとで否応なしに戦闘に巻き込まれ, いのちを落とした. 合祀柱数は12, 826柱（南洋群島全域）. 碑文には「われわれ沖縄住民は第二次世界大戦終戦二十三年にあたり祖国の繁栄と世界平和を祈って　南洋諸島において戦没した沖縄出身将兵及び住民並び大戦前南洋開拓の途中に死没した同胞の英霊に謹んでこの塔を捧げます」とある.

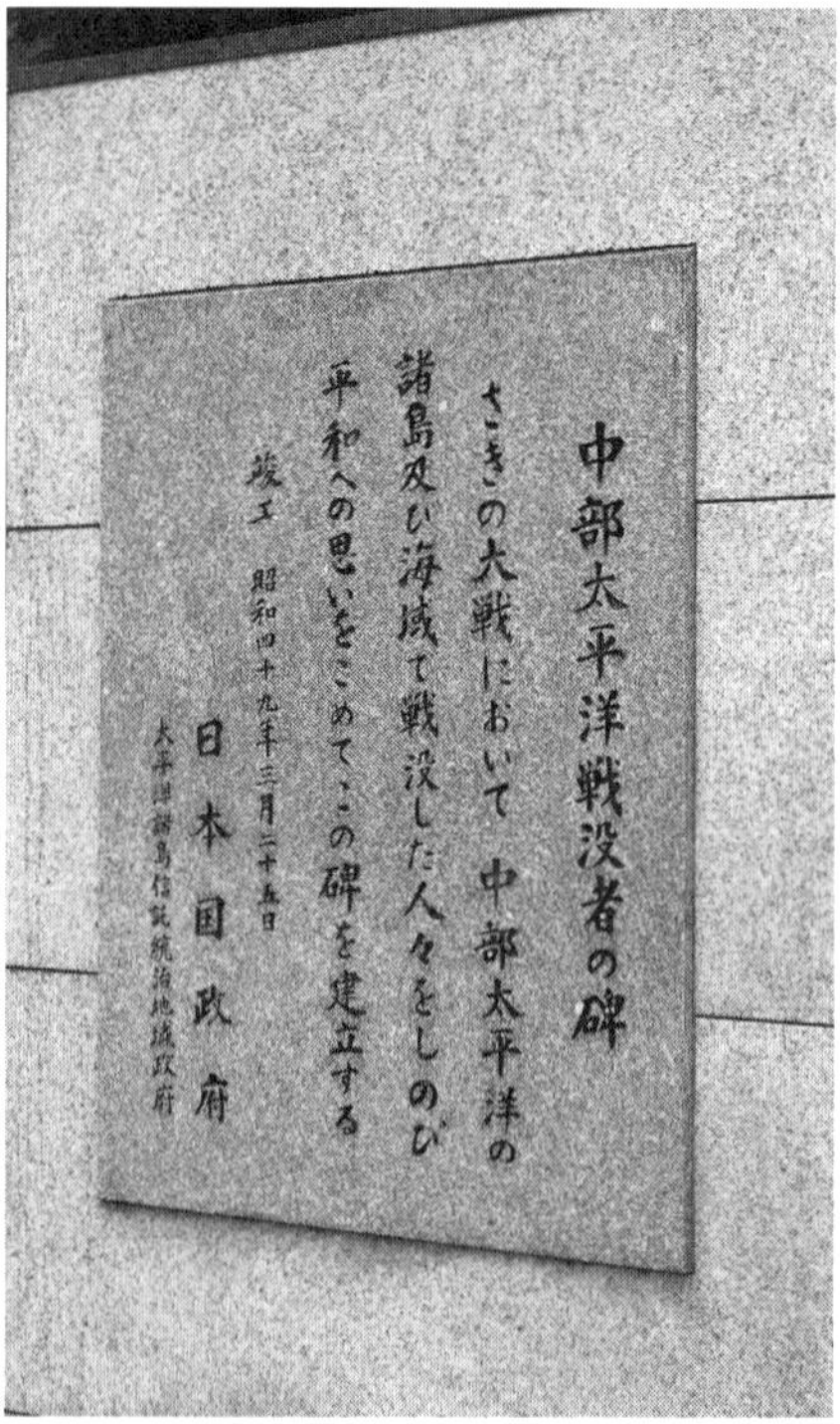

図13　中部太平洋戦没者の碑
1974年3月,日本政府と太平洋諸島信託統治地域政府の共同で,サイパン島北部のスーサイドクリフに続く崖を背に建てられた.石碑の裏にはたくさんのお墓がある.「中部太平洋戦没者の碑文」には「さきの大戦において　中部太平洋の諸島及び海域で戦没した人々をしのび平和への思いをこめてこの碑を建立する」とある.

図14　スーサイドクリフ（旧マッピ山）

スーサイドクリフ（Suicide Cliff自決の崖）とは，サイパン島北部に位置するマッピ山北面の崖を指す．太平洋戦争末期の1944年6～7月にかけて行われた戦闘において，敗色濃厚となった多数の日本兵および民間人が，アメリカ軍からの投降勧告，説得に応じず投身して自死（スーサイド＝Suicideは，自殺の意味）したことからこの名前で広く知られることとなった．

図15　バンザイ・クリフ（万歳の絶壁）

追い詰められた多くの自決者が「万歳」と叫び両腕を上げながら身を投じたことから，戦後この名で呼ばれるようになった．自死者の数は10,000人にのぼる．

日本の戦争をいわゆる本土の戦争被害からみる歴史だけではなく、本土への空襲に至る前に、南洋諸島における広大な地上戦と壮絶な餓死地獄があったことを忘れてならない。またいのちの尊厳があまりにも粗末にされるのが戦争の本質である。

戦争の後には、必ず戦争孤児たちが残され、孤児院の建設が必要とされる。サイパンの戦時の出来事と戦後の歩みは戦争の現実を教えている。同時に激戦地・サイパンにおいても戦争孤児たちのいのちを守る最後の砦として孤児院が存在していたことは歴史の希望であった。

第三章　コザ孤児院と高橋通仁院長の歩み

—収容人数八〇〇名説への根拠を問いながら—

はじめに—一枚の写真から—

コザ孤児院で写された職員のスナップ写真がある。それは古賀徳子氏（ひめゆり平和祈念資料館学芸係長）が聞き取り調査を通して執筆された論稿「ひめゆり研究ノート③　コザ孤児院とコザ第四小学校」（『ひめゆり平和祈念資料館資料館だより』二〇一〇年）のなかにあった。その写真には、高橋通仁《たかはしつうじん》院長、通訳の真玉橋朝英《まだんばしちょうえい》（当時、元・開南中学校教諭。後に沖縄県翻訳課長）、元ひめゆり学徒（沖縄師範学校女子部）の本村《もとむら》つる、津波古《つはこ》ヒサ、仲里《なかざと》マサエ、戸田武子《とだたけこ》、元梯梧《でいご》学徒（昭和高等女学校）の潮平美枝子《しおひらみえこ》などの保母職（世話係）を担った少女たちが写っている。

そこには沖縄戦が終わり、新たな時代の息吹を背景に、コザ孤児院での子どもたちへの養育と暮らしに関わる誇らしさを感じさせるものである。とくに高橋通仁院長の少しはにかんだような表情のなかに、気負いのない孤児院運営への姿勢を漂わせている。

私はこの一枚の写真に惹きつけられ、高橋通仁院長を通して、コザ孤児院の研究をすすめたいと考えた。残念ながら、高橋通仁氏はすでに亡くなっており、ご家族にまで辿りつくことはできなかった。文献で残された資料が乏しいなかで、文献をつなぎ合わせ、聞き取り調査などで補足しながら、コザ孤児院の実像に迫ってみたい。

研究の方法としては、①残存する関連資料を精査し、文献的な整理をし、②とくに戦後の唯一の情報源となっていた『ウルマ（うるま）新報』の関係記事を踏まえ、③当時の従事者へのインタビューを通して、全体像を描いてみたいと考えている。

しかしモザイク的パッチワークのような論稿にならざるを得なかったことも予めお断りしておきたい。

1　交戦中からの孤児院の開設へ

沖縄戦後の沖縄住民の生活

第二次世界大戦で日米最後の決戦場となった沖縄は、一九四五年六月二十三日に日本軍の完全な敗北によって米軍の占領下に置かれることになった。上陸をした米軍は同年四月五日には読谷村《よみたん》にアメリカ海軍軍政府を樹立し、それに先だって米国海軍軍政府布告第一号（いわゆる「ニミッツ布告」）を交付した。

「ニミッツ布告」の要約的内容は、①南西諸島および近海住民に対するすべての権限と行政権が占領軍司令官たる軍政長官に帰属すること、②日本政府のすべての権限の停止、③現存する慣習および財産権の尊重と現行法規の効力の持続などを柱としており、沖縄占領政策の骨格が示されたものとなっている。

米軍は交戦が続いているその一方で、占領地域に仮収容所（キャンプ）を設置していく。防空壕や山中に潜んでいた非戦闘住民を救出して、収容・保護に当たっている。これらの収容所は当初中部一帯に集中していたが、次第に北部へと拡張していくことになる。辺土名《へんとな》、田井等《たいら》、久志《くし》、瀬嵩《せだけ》、宜野座《ぎのざ》、金武《きん》などから、中部の石川、胡差《こざ》、前原、さらに南部の知念《ちねん》へと、収容所は増設されていったのである。

このような収容所の拡張と住民の移動の様相について、琉球列島の政治・社会・経済に関する陸軍長官への報告書「Political, Social and Economic Report of The Ryukyus Islands for The Secretary of War」（一九四七年十月）の内容からうかがえる。

沖縄上陸後最初の二ヵ月は軍政府としては住民の食料や医療を賄う必要はなかった。というのは時期的に春の収穫期でもあったので軍政府の管轄下にある人たちは自分で畠（畑）から農作物をとってきたらそれでよかったからである。こういう状態は戦争が終わった後の三〇日間ほどは続いたが、その後大勢の住民が北部に移動を命ぜられた。そのため将来計画の一環として那覇港付近にあった旧日本軍の全食料を確保するとともに、破壊を免れた農地から上がる農産物も利用する政策がとられた。だがそれでもなお食料の九〇％は軍からの供給に頼らなければならないことがまもなく明らかになった。食料不足の原因は上陸後の米軍の大部隊が平時の場合だと農耕地に利用されているところに駐屯したためである。

九月と十月は住民の八五％が半ば軍から配給食料に頼らなければならない状態だった。その時から現在まで土地は大幅に変化されつつある。村落は一応復活はした。しかしそれでもなお現段階で三万四四四七エーカーが軍によって使用されている。これは土地を返還しさえすれば五〇％も軍の食料が浮く計算になる面積である。

住民は有給制度で採用されているため、「現在のところ完全救済のリストにあるのは四万三〇〇〇人。この人たちは自給自足できない。このうち八五％は一五歳未満と六〇歳以上である。現在孤児院が五つ、養老院が三つ軍政府によって運営されている」ことが報告されている（沖縄県文化振興会公文書管理部史料編集室編―二〇〇六・五二～五三頁）。

また食料の確保のために、収容者を移動させることになったことが直截に報告されている。「収容所での生活は、地べたにテントを張ってその中に暮らす者や木の端切れや竹を集めてきて小屋を建てて、やっと雨露をしのぐ者など様々で、瓦葺きの残存家屋には最高五〇世帯以上一五〇人もの人たちが住み、どんな小さな家でも四、五家族は入って」おり、「それぞれの収容所には、軍政隊長と数名に軍政要員が配置され、軍命による村長を通じて住居建設、食料配給、環境衛生などに自主的に当たらせていた」（沖縄県生活福祉部編一九九八・三頁）のである。

これらの難民のなかには一般住民とともに多くの孤児や孤老が含まれており、収容保護の対策は、米軍の宣撫賑恤《せんぶしんじゅつ》の重要な一環でもあった。米軍は四月の沖縄上陸からこれらの人々への応急保護対策をたて、住民避難地区に指定された地域に孤児院や養老院を建設した。その数は、『戦後沖縄児童福祉史』では一三ヵ所（辺土名、田井等、古知屋、久志、瀬嵩、福山、宜野座、石川、前原、胡差、首里、糸満、百名《ひゃくな》）となっており、約一〇〇〇人の孤児や肉親と離ればなれになった児童と約四〇〇人の孤老が収容されていた。とりわけ孤児院に収容された子どもたちは、父母を失い別れてきたものがほとんどで、年齢が低く自分の名前も出身地も知らない孤児もいた。そうした子どもたちには、施設で命名するしかなったのである。

ただこの「約一〇〇〇人の孤児、約四〇〇人の孤老」の施設収容数は、戦後の沖縄児童福祉史の通説として流布しているが、いつの時点で、その内訳として各孤児院・養老院の収容者数に関して、どの部署がどのように集計したのかは定かではない。コザ孤児院の収容児童数八〇〇人説もどの時点での集計なのかも確定しているとはいえない。もしコザ孤児院が八〇〇人を収容していたとすると、他の各孤児院は平均して二〇人の収容数だったことになる。この説の根拠の解明は、沖縄の孤児院研究では整理すべき課題としてある。

米軍占領下の沖縄諮詢会

一九四五年八月十五日、日本政府はポツダム宣言を受託し無条件降伏をすることで敗北が決定した。アメリカ海軍軍政府は石川に各地区から代表百数十人を召集し、沖縄諮詢会の設立について協議し、諮詢委員の候補者選考を行った。その結果、二四名の候補者が選出された。同月二十日に再び召集された二四人の住民代表による選挙で一五名の委員を選出し、軍政府の諮問機関ないしは米軍と住民の橋渡し的な役割を担う沖縄諮詢会が設立されたのである。

その後、二十九日には第一回の委員会が開催され、志喜屋孝信を委員長に選出、総務、公衆衛生、教育、社会事業など一三部を設置することになった。社会事業部長には仲宗根源和《なかそねげんわ》が選ばれ、「同部長の下に食料、衣料、住宅の提供、移動の援助、行き先不明者の捜索、孤児の収容、養老、その他の関連事業などを受け持たされたが、そのうちの孤児、老人、傷病者の収容所の管理、維持については米軍が直接あたり、同部にとっての大きな仕事は、各地区の中央倉庫を通じて全住民に衣食の無償配布を公平に行うことであった」(沖縄県生活福祉部編一九九八・四頁)のである。

孤児院などが米軍の直接管理のもとにおかれた点に関して、元琉球大学教授の我喜屋良一氏は、「当時、未だ『島ぐるみ救済』の域を脱し得なかった琉球の社会事業の実質的な担い手は米軍であり、住民自体がこの種の内救助に当る余力を持つに至っていなかったためである」(我喜屋一九九四・四九頁)と述べている。

アメリカ軍政府が沖縄諮詢会に諮って一九四五年九月十三日付で発表した「地方行政緊急措置要綱」に基づいて、九月二十日と二十五日に一六市で市長選挙と市議会選挙が実施された。戦後初の選挙であり、婦人参政権が保障された点でも画期的なことであった。本要綱は、沖縄の地方行政を創設するために策定されたものであり、全体は四章六二条から構成されている。市の区域は原則として軍政府が決定し、市は軍政府の監督下で公務を司り、市民生活の福祉の充実をめざしたものであった。

しかしその内実は、一九四六年四月十八日の「軍民協議会」でのワトキンス少佐から軍政府が海軍から陸軍に移管することを示唆する発言にともなって、「たとえば軍政府は猫で沖縄はねずみである。猫の許す範囲でしかねずみは遊べない。猫とねずみは今は好い友達だが、猫の考えが違った場合は困る。私も、ムーレー大佐もカールエル少佐も今は顧問として大学教授がいるが、後任は軍人のみであるから、相当の権力がいくのではないか」（那覇市社会福祉協議会四〇周年記念誌編集委員会編―一九九六・一九頁）という内容であった。

この「猫とねずみ」発言は、占領軍と沖縄県民の基本的関係を再確認・再教育する意味合いを持っていた。同時にアメリカ海軍と陸軍の確執も微妙に反映した発言であった。この時期はまだ対沖縄恒久占領政策は確立していたとはいえない時期であった。

一九四六年四月二十四日、志喜屋孝信が知事に選ばれ、沖縄諮詢会は解散し、ここに沖縄中央政府（同年十二月には「沖縄民政府」に改称）が樹立されることになった。それにともなって、従来の社会事業部は民政府総務部に吸収され、同部社会事業課に引き継がれた。

同課の業務は、賑恤救済（貧困者・被災者を救助するために金銭給付をすること）、罹災救済、孤児院、養老院、少年教護院、傷痍保護院および託児所、社会事業団体に関する内容であった。前述の米軍管理下の孤児院行政がどのように引き継がれ、発展していったのかの検証が必要であろう。

教育の再建と子どもの「囲い込み」政策

教育分野の復興もいち早く学務課が設置されることで教師を採用し、具体的な歩みをはじめた。戦死・戦傷を免れた教師たちが教室を開きはじめた時にはまだ南部では戦闘が続いていた。そうしたなかにあっても学校が再開されるのであるが、教室は半壊の建物や戸外の緑陰であった。そこでの問題はひとつが教材であり、もうひとつが人材であった。教師たちは米軍の協力を得て、教科書や雑誌を捜し回った。しかし「何よりも困ったことは質のいい教師の不足であった。事情が緊迫していたので、中学卒業、なかには小学校を卒業しただけという人たちまでが教師として採用され訓練を受けた」（ゴールドン・ワーナー―一九七二・一二三頁）という現実であった。その後、授業内容も経験のある教師の復帰とともに改善されていった。

いわゆるニミッツ布告が発せられることにより、占領地区の教育は日本の文部大臣から米軍政府に移った。米第一○軍政府本部公布のテクニカル・ブリティンの通達は、米軍の接収時に活動中の教育機関は暫定的に閉鎖することを規定している。さらに同最高本部の許可証受領以前にはいかなる学校も再開は許さない旨を明示している。

さらに本規則は「児童に対する緊急計画」の項を設けており、次のような要項にしたがって方向づけられていた。

①新しい近代教育計画の実施に際し、地元民を選出して組織、指導すること。できうるかぎり教育経験のある三人あるいはそれ以上を委員に任命して各地域における現地教育活動を監督せしめ、かつこれら諸活動が軍政府規則に合致するものであることを確かめさせること。

②各地域ごとの教育活動を管理し、種々の現地教育活動を調整するため、上級軍政府将校をして軍政府将校を任命させること。右軍政府将校は地方教育委員を任命し、児童に対する健全教育計画の立案につきこれらの委員に勧告、援助を与えること。

なお、これら将校は、全教育課程を通じて規則が遵守されるよう常時調査を行うこと。また、教師の適当な宿舎、教材の入手、新教育計画による地域活動の増進、拡張の援助に必要な資金の調達について責任を持つこと。

こうした要項に基づいたシステムのもとで、「新教育計画に基づく授業を開始するにあたって第一に優先させたことは、小学校児童に対する教育であった。教室は、最初、民間人収容所の中で始められ、条件が整いしだい収容所外へと延長させることになっていた。年長の子供に対する教育も条件が整いしだい開始されることになっていた。初等教育科目としては、読み、書き、算数を主として行い、補助的に衛生教育、娯楽、職業教育を施すことになっていた。これらの補助的教育は、この新教育計画にとって、特に早期において重要な役割を果たした」(ゴールドン・ワーナー一九七二・一五〜一六頁）ことがアメリカ軍政府教育行政担当者によってまとめられている。なおゴールドン・ワーナー氏は、元琉球列島米国民政府（USCAR）教育局長を歴任した人物であり、一九七一年から与那原《よなばる》町に移り住み健在である。

しかし別の角度からみると、上記の緊急計画とそれに基づく要項は、「米軍による囲い込み教育」という本質を持っていたというべきであろう。米軍は戦争遂行上、占領制圧地域内での子どもたちをいかに管理し保護するか苦慮し、そこで考え出されたのが米軍軍政要員（占領地域で民事行政を担当する要員）による「囲い込み」、管理する戦略に基づいた学校教育であったといえよう。

教育の復活は、子どもが群がって生活していたキャンプで始まった。というのは野放図に子どもを放っておくのは邪魔になるだけでなく、地域によっては大きな問題であったからである。上からの指示による何らかの教育が秩序を確立するためのもっともいい方法だった。子どもが道端で遊ばないようにするため石川のBチームの司令官は、早くも一九四五年五月から運動場をつくるのを許可した。そのため一五〇人のアメリカ人と沖縄人を選んだ。三日後に運動場が完成したとき、四〜八歳までの一〇〇〇人の子どもがそれを使用した。このささやかな始まりに次いで軍政本部は地区指令官に対し、小学校用の娯楽施設をつくるよう指示した（沖縄県文化振興会公文書館管理部史料編集室編―二〇〇二・八六頁）

このように学校の再開が行われたのは、一九四五年五月七日であるが、それはまだ南部地域での首里攻防戦などの激戦が行われる以前の出来事である。

補足的にいっておくと、石川学園よりも一ヵ月も前に、四月六日に高江洲《たかえす》小学校が仲喜洲《なかきす》国民学校内に設立されている事実を名護市教育委員会文化課市史編さん係の川満彰氏の研究で明らかにされている（川満―二〇一〇）。

教育の民主化と占領的「パターナリズム」

米軍占領のもとでの教育の復興に関して、軍国主義教育の復活阻止と教育の民主化、収容所のなかからの早期の教育の再開がめざされた。こうした方針は、宮里政玄氏がいうようにアメリカの「パターナリズム」（父親主義的温情主義と訳される。本人の意思にかかわりなく、本人の利益のために、本人に代わって意思決定をすること）であったと評価する側面とともに（宮里―一九八六）、アメリカの帝国主義的本質に基づいた政策展開という側面を色濃く持っているといわざるを得ない。

こうした教育政策は、占領政策の一環として作戦遂行上の緊急かつ必要性から出されたものであり、戦後の沖縄の教育をどう進めていくかについて、軍国主義の廃止などおおまかな方針はあったと思われるが、将来を展望した長期計画が、統治開始の時点で米軍に明確な方針があったとはいえない。このことについて『那覇市史』は「沖縄教育再建の方向のイメージは、米軍の統制の枠内でまるで切り貼り細工のように古いものの上に新しいものを継ぎ、日本的なものの分離方針を持ち込むといった矛盾に満ちたものであった」（那覇市教育委員会編―二〇〇二・一五九頁）としている。

子どもを管理・抑制・統制するには「娯楽施設」＝運動場を確保することが有効手段と考えていた。そうした施策の根底には、支配すべき日本＝沖縄（住民）＝子どもという三位一体の占領者の視点があったといえよう。それはまた収容所と学校と孤児院が一体的に囲い込まれる状況と重なっている。前述したように、米軍の発言である「猫（米軍）とねずみ（沖縄）の関係」を強固にしていく基本的な視点がすでに内包されている。その点ではアメリカの対沖縄政策は一貫して支配者の統治戦略であり、県民への視線は占領者の眼差しであったといわざるを得ないのである。

そうした現実は、収容所の住民の頻繁な移動にみることができる。収容所に収容された住民は、かなり移動が頻繁になされた経緯があるので、ダブルカウントの可能性があることを前提に集約してみると、一九四五年十月時点で、一二ヵ所の収容所の総収容人口は三二万五七六九人を数えている（沖縄県宜野湾市教育委員会文化課編―二〇〇九・八頁）。この数字は当時（一九四五年十二月）の県民人口五二万六六二五人のおおよそ六二％を占める数値である。なお、国勢調査の対象外であった時期の沖縄県人口を示すと表5のとおりである。

表5　戦後の沖縄県人口の動向

西暦年	沖縄県人口	西暦年	沖縄県人口
1945	526,625	1950	698,827*
1946	509,517	1960	883,122
1947	537,051	1965	934,176
1948	555,623	1970	945,111

出典：『琉球統計年鑑』1957年および『沖縄県統計年鑑』1977年.

＊1950年には沖縄に含められて同時に調査された奄美群島を含む，914,937人である．1950年以降は国勢調査，1948年以前は推計による．

備考：1946 ～48年は12月31日，50 ～60年は12月1日，65年以降は10月1日現在の人口である．

かなり頻繁に収容所間を移動させられたことがいくもの証言からわかるが、それはいわば沖縄におけるエンクロージャー（enclosure＝中世紀末から近代にかけて、とくにイギリスにおいて開放耕地であった土地を、領主や地主が農場にするために垣根などで囲い込み、私有地化する追い出し・収奪行為のことである）であり、基地確保のための住民排除の戦略でもあり、基地づくりのための労働力の供給対策でもあったということができる。

コザ孤児院の設立の時代状況

米第七師団は、上陸の翌日四月二日に越来村《ごえくそん》嘉間良《かまら》を占領して占領地域一帯の住民を収容した。嘉間良の字民は、男たちを少し残して各地に避難・疎開して「ほとんどもぬけのから」だったので、すぐに米軍の陣営地となった（コザ市編―一九七四・四六五～四六六頁）。米軍資料には「上陸の最初の日に楚辺《そべ》の約一〇〇〇人の住人が隠れ場所から出てきて保護された。C―1（軍政チーム）は仮の施設をつくり、その後コザの近くの恒久的なキャンプに移動した」（アーノルド・G・フイッシュ二世―二〇〇二・四二頁）と記述されており、最も早い米軍の陣営およびキャンプ（収容所）であった。

嘉間良の収容所は、その後難民が増えて越来、室川《むろかわ》、安慶田《あげだ》を含めた四部落に拡大されキャンプ・コザと呼ばれる収容地区を構成するようになる。当時米兵の陣営地となっていた美里村古謝をスモールコザと呼び、嘉間良を中心とした収容地区をビッグコザと呼んでいたことから、「コザ」という地名が定着したようである（コザ市編―一九七四・四六五頁）。米軍が作成した一九四五年四月と八月の地図（読谷村史編集室所蔵）では、美里村古謝の位置にも、嘉間良を中心とした地域にも「koza」と記載されている（読谷村史編集委員会編―二〇〇四・二七五頁）。キャンプ・コザの収容者数は五月末に五〇〇〇人、六月上旬には嘉間良収容所には各地から民間人も集まってきて六五〇〇人に達し、「これらの避難民達はみんな一様に、米軍の作業服をつけ、軍靴をはき、表面は極めて明るい表情をしていた」（沖縄市町村長会編―一九五五・四七〜四八頁）といわれる。

そして、一九四五年六月十日に臨時市町村制が施行され越来村となった。このときの村長には読谷山村出身の元県会議員比嘉幸太郎《ひがこうたろう》、副村長には美里村の仲地庸之《なかちやすゆき》が任命されている。「この臨時行政時代の越来村が、村長、副村長が越来出身でなく、読谷村、美里村出身というように、他村民によって、行政が行われたということは、後のコザ市の性格を形成する一要素になると考えられる」（コザ市編―一九七四・四六四頁）と、『コザ市史』で記述されている。しかしどのような行政の性格を形成していったのかは明示されていない。

沖縄本島南部で戦闘が終結する六月下旬になると、南部から続々と負傷者や住民が運ばれてきて、そのなかには多くの子どもたちがおり、学校、病院、孤児院なども順次拡充されていった。その一環として、越来村安慶田（当時）にコザ孤児院は設立されたのである。

コザ孤児院に従事した元梯梧学徒の稲福マサのつぎのような証言がある。

（一九四五年六月頃）百名の病院に恩師野崎先生が通訳をしておられることを聞き、久しぶりに再会、お世話になる。しばらくしてコザの孤児院へ保母として行くよう指示され、元ひめゆり学徒七名、元梯梧学徒三名に海南中学の真玉橋先生と子どもたちも一緒に四分の三と言う小型トラックでコザの孤児院へ移動しました。

戦争の被害もなく、瓦葺の大きな立派な二棟と広い運動場に七、八百人の孤児達が収容（傍点―浅井）され、特に幼児達は栄養失調で痩せ細り、お腹が腫れほとんどの子は下痢で顔色も悪く、柵で囲まれた中には十名の子が寝かされ、一人の子が汚すと柵の中の子ども達は頭から足の先まで、体中汚物で塗られ、そのまま冷たくなっている子や、泣きじゃくっている子を見て激戦の中から紙一重で生き残った子ども達は親の懐のぬくもりも知らず気の毒で胸が痛んだ。

児童達には学習が必要となり、九月に子どもの家（孤児院）はコザ第四小学校として開校。私はひめゆり学徒の仲里マサエさんと二人で五年生を受け持つことになった（稲福―二〇〇六・二五七～二五八頁）

ここで記録されている「瓦葺の大きな立派な二棟と広い運動場に七、八百人の孤児達が収容」という記述は、コザ孤児院八〇〇人収容説を裏づける感覚的な数字であるといえる。ただ八〇〇人という数字には記録的な証明は乏しい。なおかつ聞き取り調査のなかでも、複数の方々が八〇〇人はいなかったことを明言されている。

小学校一～六年生までの六学年は、テントでの生活をしており、テント一張りには約二〇名が暮らしており、乳幼児は「瓦葺の大きな立派な二棟」（これは現存している久場《くば》宅のこと）で養育されていたのである。この一帯は沖縄戦初期に米軍に占領され、破壊を免れた。この二軒は、移民で財をなした久場一族の家屋で、屋号は「カミー久場」「タードゥシ久場」で、ここが孤児院として接収されたのである。久場良行氏宅には私も二度ほど訪問し、中に入れていただいたが、民家であり、せいぜい乳幼児であっても収容人数は二〇～三〇人程度が限界であろう。

米軍による収容住民の移動と訓育

この時期（一九四五年四～七月）は、頻繁に収容所内の住民の移動が行われている。これは保護された住民が増加したことによる移動ではなく、米軍の飛行場建設とともに軍事的理由による再移動が基本的内容であった（読谷村史編集委員会編―二〇〇四・二七七頁）。

住民の移動はかなり頻繁に地域から地域へと移動させられることとなったが、基地建設の計画は、拡大・修正・変更・削減の連続であった。この優柔不断な移動作業への隷属は、占領軍による住民の訓育という意味を持っていたものと思われる。

本土では戦後、進駐軍による鉄条網による囲い込み＝収容所生活を強いられることはなかった。それに対して沖縄では、居住地域が戦場になるとともに、一家全滅も含めて多くの死と直面し、人間が人間でなくなる悲惨な現実を逃げまどうなかで生き延びたのであった。こうした現実を「生きながらえて収容された住民は、どのような精神状態にあったであろうか。このことを少しでも知ることなしには収容された住民の生活の意味がわからない」（川平―二〇〇一・七四～七五頁）という指摘を踏まえて考える必要がある。孤児院生活を余儀なくされた孤児たちはまさに親・家族と死に分かれ、収容所生活のなかでも〝孤児差別〟があった。親がいない孤児たちは食べ物も、収容先も自分でみつけざるを得ず、残飯をあさり、ときには「親《うや》うらんぬーたーがうんどう」（親のいない子どもがいるよー）などと、さらしものにされるなどの体験をしているのである（創価学会婦人平和委員会編―一九九〇・一三四頁）。さらに孤児院の生活でも困難を強いられたことは想像に難くない。その点ではまったくの「根こそぎの喪失」体験から生き延びたのが孤児院体験者だったのである。

そうした孤児たちに対して、まず健康を守るために、衣食住の保障をすることが孤児院の基本的使命であった。その先頭に立ったのが孤児院院長である。

つぎにコザ孤児院の歴代院長が誰であったのかを、文献・新聞などから特定をしておきたい。孤児院の責任者はどのような経緯で、誰から任命されたのかも史料的には確認できないのが現状である。

2 コザ孤児院の歴代院長—開設から沖縄厚生園への統合まで—

初代・玉城瑩院長（琉球政府文教局研究調査課編—一九五九a・一六〇頁では、「玉城えい」）

一九四五年六、七月にはコザ孤児院院長に任命されていたのではないかと考えられる。玉城は後に糸満《いとまん》市長に任命されるので（琉球政府文教局研究調査課編—一九五九a・一六〇頁）、その時期までの在任期間であったと思われる。一九四五年十一月には糸満市が発足しているので、それまでの三〜四ヵ月のきわめて短期間、院長職を務めたことになる。

（一九四五年）六月下旬頃、沖縄戦終了とともに、南部から続々と負傷者や孤児や多数の避難民が運ばれてきた。そのなかには、大宜見朝計、兼島由明、玉城瑩、花城清用、金城田助氏らがいた。更に野嵩《のだけ》から宮城晋吉、知念から真玉橋朝英、辺土名から山田親徳、羽地《はねじ》から、大山朝常、渡嘉敷親睦、比嘉秀伝氏らが移動してきた。

人口の激増とともに学校、病院、孤児院などが拡充された。病院長に大宜見氏、教育課長に兼島氏、孤児院長に玉城氏（傍点—浅井）、通訳に真玉橋氏らが任命され、毎週一回、安慶田の村長宅で、軍との連絡会議が開かれた。この会議にはデマンブロという海軍大尉の副官が出席して、指示事項や伝達事項などが、活潑に論議された

（沖縄市町村長会編—一九五五・四八頁）

一九四五年九月八日に糸満地区の兼城《かねぐすく》村に一部の住民の居住許可が出たのをはじめとして、十月二十三日には金武村古知屋《こちや》在住の住民の糸満地区への移動が決定した。古知屋地区隊長のブランナー大尉が糸満地区隊長に

転任し、十一月四日には糸満町、兼城村への住民移動が始まった。同時に糸満市長も任命され（糸満市長玉城瑩）、二市一町八村を含む糸満市が発足した（読谷村史編集委員会編―二〇〇四・三一〇頁）

したがって「はじめに」で紹介した高橋通仁院長の写真の撮影時期に関しては、①一九四五年七月ではなく、十一月以降に撮影されたものか、②七月の撮影であるが、同氏はまだ院長職にはなかったか、ということになろう。戦前に糸満町長であった玉城瑩は、管理者として院長職を担ったであろうが、現場の児童養護に直接的な関わりはほとんどなかったであろう。そうした点からいえば、養育係の職員たちと写真に写ることはなかったのであろう。

二代目・渡嘉敷院長

玉城の後、コザ孤児院を引き継いだのが渡嘉敷院長である。

稲福マサの手記で、一九四五年「十月に入り、（中略）私は渡嘉敷園長先生と大山校長先生に呼ばれ、『三年生の受け持ちがいないから受け持って欲しい』とのことであったが、自信がないとお断りした」（稲福―二〇〇六・二五八頁）という件《くだり》がある。大山校長先生とは、一九四五年七月中旬に開校したコザ第四小学校の大山盛幸《おおやまもりゆき》校長（元師範学校女子部附属大道《だいどう》小学校教諭）のことである。「コザ孤児院内にコザ第四小学校が開校」（古賀―二〇一〇・九頁）とあるが、収容所（コザ・キャンプ）と孤児院と学校の関係に関して、聞き取り調査のなかでは、孤児院担当の世話係が十数名で、そのなかから第四小学校の担任教員となった経緯がある。

コザ孤児院（コザ子供の家）への匿名の手紙と現金の寄付に関する記事が『うるま新報』（一九四六年九月六日）に掲載されている。「その手紙を受領した渡嘉敷院長は直接お逢いしてお礼を申し上げることの出来ないことは残念ですがこれを有効に使い、更にかわいそうな孤児達を真心で育くむ（ママ）ことによって感謝の気持ちを表したいと語っていた」という記事である。

少なくとも一九四五年十月〜四六年九月までは、渡嘉敷院長が在任していたことを確認することができる。後述するが、続く高橋院長と渡嘉敷院長は、実は同一人物である。

三代目・高橋通仁院長

一九四七年四月三日、孤児院・養老院長会議が開催され、軍政府長官ならびにワシントン政府宛に感謝状が贈られている（石井─二〇〇五・四九頁）。

その共同の発行者は以下に列挙する院長である。

沖縄県知事　志喜屋孝信
民政府社会事業部長　山田有幹《ゆうかん》
田井等孤児院養老院　仲井間《なかいま》憲孝《けんこう》
福山孤児院　伊波《いは》寛栄《かんえい》
石川養老院　久場政盛
首里孤児院養老院長　奥浜憲慶（後の沖縄厚生園初代園長）
コザ孤児院院長　高橋通仁
百名孤児院　志喜屋盛松

すでに四七年四月の時点で、渡嘉敷姓から高橋姓に改姓していることを確認できる。

高橋通仁院長の足跡を簡単に辿っておくことにしよう。

一九一八年三月（二月）三日、父・通栄の二男として、那覇市高橋町に生まれる（改姓は、この高橋町から採ったという可能性もある）。

沖縄県立第二中学校を卒業。
一九三八年　沖縄師範二部を卒業。教育界へ。
　宮古郡第二小学校に勤務（平良第二尋常高等小学校訓導）。
一九四一年　郷里・泊小学校に勤務（泊国民学校訓導）。
　同年　沖縄県立東苑学舎（沖縄県立盲聾唖学校）教諭（教諭兼書記嘱託）となり、終戦を迎える。
一九四五年六月　百名孤児院に入る。
　同年七月　胡差孤児院に移動し、孤児院管理者（院長）となる。
一九四九年四月　那覇市市場互助会書記長となる。
「氏は義きょう的（義俠とは、正義を重んじて、強い者をくじき、弱い者を助けること―浅井註）精神に富み、確固たる信念の持主。果断にして進取的気象の人」（崎原―一九五〇・一一九頁）と、高橋通仁三二歳のときの人物評が書かれている。
一九五〇年代には、立法院議長専属秘書、壺屋幼稚園ＰＴＡ会長、那覇中学校ＰＴＡ専属書記、那覇補習学級専任教諭などを歴任している。その後、那覇中学教諭を経て、一九六二年四月一日～一九六七年十月二日で那覇市立真和志《まわし》中学校勤務（国語担当教師）、小禄《おろく》小学校教頭、那覇中学校教頭などを経て、一九七七年三月、那覇市立前島小学校校長として退職している（大城編―一九七七・一六三頁）。
　元ひめゆり学徒の津波古ヒサ氏の聞き取り調査によれば、沖縄訓盲院（一九二一年五月に那覇市天妃《てんぴ》町に開校、二四年四月に私立沖縄盲学校として正式認可。一九三三年四月、真和志村松尾に校舎を移転。一九四〇年四月には県立代用私立沖縄盲学校、四三年四月に沖縄県立盲聾唖学校と改称し、県に移管。四五年二月に戦災のために閉校）の創設者である高橋福治《ふくじ》（宮崎県延岡市出身、大分盲唖学校卒業で沖縄盲学校初代校長）のもとで、渡嘉敷院長は一九四〇年代に仕事をした経験があるとのことである。

崎原久編『琉球人事興信録』（沖縄出版社、一九五〇年）に「沖縄県立東苑学舎教諭（教諭兼書記嘱託）となり、終戦」（一九頁）という記述があるが、沖縄県立東苑学舎が障がい児関係の学校であったかどうかは確認できていない。高橋福治校長に傾倒していた影響で、高橋姓に改姓し、高橋通仁を名のるようになったということである。つまりコザ孤児院の二代目の院長と三代目の院長は、同一人物ということである。

こうした断片的な資料に基づいて足跡を確認すると、先に記した通り、一九四〇年代は教員・児童指導員として障害児教育に関わった可能性が大きく、沖縄県立盲聾啞学校が四五年二月に戦災のために閉校になることにともなって転職。四五年六月には百名孤児院に入職（転職の経緯は不明）、同年七月からコザ孤児院の管理者となる。一九四九年には、沖縄厚生園への統合のために、おそらく孤児院の管理者としての役割を終え、四九年四月より那覇市市場互助会書記長となる。一九六〇年代以降は、教職を継続し、一九七七年三月、校長職を最後に退任するのである。

こうした人生の歩みを踏まえると、「はじめに」で紹介した「一九四五年七月」の写真は、撮影時期の表記が正確であれば、コザ孤児院に高橋通仁が入職した直後のときのものであると考えられる。その点では管理者（院長）としての風格はまだないようにみえる。

3　コザ孤児院に関する文献記述から確認できること

コザ孤児院の収容人数

コザ孤児院に関する記述を文献的にできるだけピックアップし、以下の文献的記述から、要点をまとめておくことにする。

第一は、コザ孤児院の開設時期は、一九四五年七～八月の期間であると確認できる。ただし、どこにどれだけの人数の孤児を、どのような運営体制で収容したのかは明らかになっているとはいえない。聞き取り調査などでも、毎日、相当数の子どもたちが死亡した状況があり、その点の記録上の確認はできていない。

第二は、一九四五年七月段階で、コザ孤児院の収容人数は六〇〇を超えている。八〇〇名の収容児童数説も否定できない数字である。「子どもが八〇〇人以上（七月時点）集められた」（古賀─二〇一〇・九頁）という記述もあるが、「ワトキンス報告」では収容人数六一八名となっている。聞き取り調査を通して確認できることは、八〇〇人も孤児院にいたことはないという確信的な発言が複数ある。

第三に、「ワトキンス報告」で、児童数の急増に関して「乳幼児を対象とする適切な保育・養護も、この規模では相当な任務となっている」という記述があるが、日中の保育数と孤児院収容数とが混同されている可能性があるのではなかろうか。四五年六月中旬には、収容所全体の収容者数は六五〇〇人に達しており（沖縄市町村長会編─一九五五・四八頁）、日中は基地建設などの作業に親が駆り出されているなかでは、収容所の保育機能も相当な人数を受け入れていたはずである。

第四として、孤児院児童の登録は、「すべて地元の教育責任者によって登録されている」のであり、児童名簿は存在したはずだが、その所在は不明である。この点は、沖縄における孤児院研究のミステリーとなっている。大量の孤児が孤児院内で死亡しており、米軍は不都合な事実を隠ぺいしている可能性もあると考えている。

第五に、『ウルマ（うるま）新報』（「身寄を求む」）で三回に渡って、「コザ孤児院収容者（氏名年齢）」名が掲載されている。その総計は一九四五年末で四一二人分が掲載されている。この数字は、収容実数とはいえない。「大体三年生以上は自分の名前や生年月日、出身地などを答えられたが、一～二年生以下の子どもは、自分の名前もわからない子

表6　コザ孤児院に関する記述

年月日	記録・記述内容（史料出典）	備考
一九四五年七月〜八月	六月下旬頃、沖縄戦終了とともに、南部から続々と負傷者や孤児や多数の避難民が運ばれてきた。そのなかには、大宜見朝計、兼島由明、玉城瑩、花城清用、金城田助氏らがいた。更に野嵩から宮城晋吉、知念から真玉橋朝真、辺土名から山田親徳、羽地から、大山朝常、渡嘉敷親睦、比嘉秀伝氏らが移動してきた。 　人口の激増とともに学校、病院、孤児院などが拡充された。病院長に大宜見氏、教育課長に兼島氏、孤児院長に玉城氏、通訳に真玉橋氏らが任命され、毎週一回、安慶田の村長宅で、軍との連絡会議が開かれた（沖縄市町村長会編―一九五五年・四八頁）（傍線は筆者）。	コザ孤児院長：玉城瑩（『琉球史料』第四集、一九五九年では、「玉城えい」）。
七月十二日	本来二〇〇名の予想に基づいて計画された孤児院が現在では六〇〇名にまで達し、表面上は縮小のはずの問題のひとつがこうした事実によって紛糾してしまっている（「ワトキンス文書」）（傍線は筆者）。	六〇〇名の孤児がいたことが報告されており、八〇〇名説の根拠ともなりうる報告である。
七月十四日	孤児院施設は現在、計六一八人にまで膨らんだ。乳幼児を対象とする適切な保育・養護も、この規模では相当な任務となっている。五歳から一五歳までの児童はすべて地元の教育責任者によって登録されている（「ワトキンス文書」）（傍線は筆者）。	下線のような記述からすれば、記録は存在したはずである。
七月十五日	デヴィット中尉は孤児院施設の責任者として解雇された。これはD－5の福祉担当官ブラックバーン大尉が彼に対して抱いていた不満が持続的に蓄積した結果である。ブラックバーン大尉によって設定された基準に応えるのは、キャンプのほかの重要な事業から力点を変えなければ困難なことである。しかし改善は休みなく遂げられている（「ワトキンス文書」）。	

①十一月二十一日 ②十一月二十八日 ③十二月八日	『ウルマ（うるま）新報』（「身寄を求む」）で三回に渡って、総計四一二名（①一七七名、②一八七名、③四八名）の「コザ孤児院収容者（氏名・年齢）」名が掲載されている。 ①一九四五年十一月二十一日付「身寄を求む」コザ孤児院収容者（氏名・年齢）一七七名 ②十一月二十八日付「身寄を求む」コザ孤児院（其二）一八七名 ③十二月五日付「身寄を求む」コザ孤児院（其三）四八名	
一九四六年	胡差孤児院―職員数二七、男四五、女三六人、計八一人（沖縄民政府総務部調査課編―一九四六・一〇四頁）。	沖縄戦後初めての行政の統計資料
七月五日	軍民連絡会議の記録（愛楽園・コザ孤児院） 軍政府　救済係の将校がコザの孤児院に行ったら院長は二週間前から食料がないと村長も配給が悪いとの避難があった。 仲村部長　コザ市孤児院の配給は間違いであったとの報告がありました。 軍政府　仲村部長の方で調査をしてみる。 （沖縄県文化振興会公文書管理部史料編集室編―二〇〇三・一一七頁）。	
七月一六日	瀬嵩養護院を廃し、胡差孤児院に合併統合（「行政月報」）（琉球政府文教局研究調査課編―一九五六・二一二～二一九頁）。	
七月三十一日	前原養護院を廃し、胡差養護院に合併統合（「行政月報」）（琉球政府文教局研究調査課編―一九五六・二一三頁）。	
八月三十日	石川養護院（孤児）を胡差孤児院へ統合（前掲・二一六頁）。	
九月四日	石川養護院孤児十六名胡差孤児院へ（前掲・二一六頁）。	

九月六日	コザ孤児院（コザ子供の家）への匿名の手紙と現金の寄付に関する記事 「その手紙を受領した渡嘉敷院長は（直接お逢いしてお礼を申し上げることの出来ないことは残念ですがこれを有効に使い更にかわいそうな孤児達を真心で育くむ《(ママ)》ことによって感謝の気持ちを表したいと語っていた」（『うるま新報』一九四六年九月六日）。	コザ孤児院（コザ子供の家）院長：渡嘉敷 ※渡嘉敷姓から高橋姓に変更 沖縄盲学校（訓盲院）を開設した「高橋福治」に共鳴して、改姓されたようである。
一九四七年一月〜	四七年一月政府は各地区に散在する収容施設の指揮監督に不便をきたしたので、施設運営の円滑を図るために、田井等、瀬嵩、福山（孤児）、惣慶（老人）、漢那、石川、前原、胡差、首里、糸満、百名（孤児）の十一施設を田井等養護院（孤児）、福山養護院（孤児）―後百名に合併―、石川養護院（老人）、胡差孤児院、胡差養老院（孤児、老人）、百名養護院（孤児）の七施設即ち、養老院三、孤児院四に統合した（琉球政府文教局編―一九五九・五〇頁）。	
一月	沖縄民政府が発足して八ヵ月たった一九四七年一月、総務部社会事業課が社会事業部として独立、これを機に従来一一地区に散在していた孤児院、養老施設が五ヵ所（田井等、福山、石川、コザ、百名）に統合された（沖縄県社会福祉協議会編―一九八一・二四頁）。	
四月二日	孤児院、養老院長会議（於胡差孤児院）。この会議において琉球列島米国軍政府長官・ワシントン政府への孤児老人の収容に関する感謝状を贈る―感謝状に志喜屋知事、山田社会事業部長ほか、七名の孤児院・養老院院長名の連記のなかに、「コザ孤児院長　高橋通仁」が明記されている（石井―二〇〇五・四九頁）。	コザ孤児院長：高橋通仁

九月二〇日	「将来の事業計画・方針等について」（民政府総務部）で、「民政府創立当初より本年八月末日迄に実施及遂行せる事業　一、養老院、孤児院の設置・運営（現在七院、収容人員三五〇人）」（沖縄県立図書館資料編集室編—一九九〇・二一八頁）。	
一九四六年七〜十一月	極東軍司令部司令官「琉球列島における米国陸軍政活動報告」第一号、一九四六年七〜十一月「第三章　社会活動　公衆衛生・福祉　福祉　四、十一月現在琉球で七つの福祉施設が稼働中」（沖縄県文化振興会公文書管理部史料編集室編—二〇〇五・六二頁）。	
一九四八年七〜八月	琉球列島における米国陸軍軍政活動概要　第一二号　一九四八年七〜八月 施設における救済者数（沖縄群島） 　　七月　八月 孤児院　二二〇　二二三 養老院　一〇六　一〇五 計　三二六　三二八（前掲・六三四頁）。	
一九四八年（※一九四九年の誤記—浅井）四〜十一月末日	一九四八年、政府は首里石嶺のチャイナ—ホーゼ跡の施設を譲り受けて、同年四月より各地の収容施設の統合を開始し十一月末日までにこれを完了、保護施設と児童福祉施設を併置して沖縄厚生園と称した（琉球政府文教局編—一九五九・五一頁）。	沖縄厚生園が開設されたのは、一九四九年十一月である。

出典：『沖縄県史　資料編二〇　軍政活動報告（和訳）現代四』（沖縄県教育委員会、二〇〇五年）

が多かった。体の大きさや話し方で、年齢や出身地を推定するしかなかった」（古賀—二〇一〇・一〇頁）のが実際であった。したがって四一二名＋αの収容孤児がいたことを確認できよう。

第六に、一九四六年になると、八一名と、一〇〇人を下回る収容人数となっている。戦後一年余りで親類などに孤児たちは引き取られていったのである。

孤児院の統合

第七に、一九四六年七月以降、瀬嵩養護院、前原養護院、石川養護院（孤児）をコザ孤児院に統合する措置がとられている。さらに四七年一月「政府は各地区に散在する収容施設の指揮監督に不便をきたしたので、施設運営の円滑を図るために」、孤児院を四施設に統合している。

第八として、これらの四施設を、沖縄厚生園（那覇市首里石嶺《いしみね》に開設）に一九四九年十一月に統合されることで、コザ孤児院も閉園されることになる。

コザ孤児院は、一九四五年七月〜一九四九年十一月の四年五ヵ月の間、開設されたことになる。地理的にも社会問題の集中する地域であるという点でも、コザ孤児院は重要な位置を占めてきたのである。その運営体制と実践の内容はまだほとんど論究されていないのが現状である。関係者の史料の提供と孤児院での生活体験の記録化を、いまこそ具体化する必要があるといえよう。

4　コザ孤児院の特徴

「孤児院は、一九四五年には、沖縄本島北部に田井等・瀬嵩・福山・漢那の四箇所、中部にコザ・石川・前原の三箇所、南部には首里・糸満・百名の三箇所の計一〇箇所あったが、四七年には沖縄民政府によって田井等・福山・コザ・百名の四箇所」（川平―二〇〇八・六頁）と記述しているが、これは『沖縄タイムス』の記事「一枚の写真戦後孤児院物語」（二〇〇五年十月三十一日、担当＝社会部・謝花直美氏）を引用したものである。

琉球政府・沖縄県での児童福祉分野を一貫して歩んできた幸地努氏は、次のように記している。「米海軍は、一九四五年四月、まだ作戦中に、その応急対策をたてていたといわれる。（中略）住民避難地区を単位として仮の収容所を設置し対象者の処遇にあたっている。米軍はこれを、孤児院・養老院と称していた。その数は、離島市を除く本島内の各市にあったといわれるから計一一ヵ所となるわけだが、惣慶市（地区）のみには孤児院はなかったというから、厳密には、孤児院の数は、辺土名、田井等、瀬嵩、福山、漢那、石川、前原、故差、糸満、百名の一〇ヵ所だったことになる。これらの施設には、ピーク時、児童が一〇〇〇人余、老人が四〇〇人余も収容されていたといわれる」（幸地―一九七五・一二頁）と記している。

『戦後沖縄児童福祉史』（沖縄県生活福祉部、一九九八年）では、「住民避難地区に指定された地域に孤児院や養老院を設置した。その数は一一ヵ所（辺土名、田井等、瀬嵩、福山、惣慶、漢那、石川、前原、故差、糸満、百名＝うち惣慶は養老院のみ）におよび約一〇〇〇人の孤児や肉親と離ればなれになった児童と約四〇〇人の孤老が収容された」（沖縄県生活福祉部編―一九九八・三～四頁）と記されている。この時期はまさに交戦しながらの占領政策の実施といえる時期であり、北部・中部・南部に孤児院を設置している。

しかし同じく『戦後沖縄児童福祉史』の第一章では「この年の社会事業部の仕事は当時各地に散在していた孤児院、養老院等の施設の統合にはじまった。一九四七年一月各地に散在するこれらの施設の指導監督の不便さを除去すべく孤児院一一ヵ所を四ヵ所に、養老院九ヵ所を三ヵ所に統合した」（六頁）と記述されている。

これらの記述を踏まえていえば、一九四七年一月までは、孤児院一〇ヵ所、一〇〇〇人、養老院四〇〇人が共通した行政が把握できた数字である。

基本的に収容所が設置されたところに孤児院が開設されているが、孤児院の存在意義は、米軍にとってどのようなものであったのであろうか。各地にバランスよく配置された孤児院は、収容所別に開設された経緯がある。それは占領政策を推進するうえで、「野放図に子どもを放っておくのはじゃまになるだけでなく、地域によっては大きな問題」であり、「上からの指示による何らかの教育が秩序を確立するために最もいい方法」（沖縄県文化振興会公文書館管理部史料編集室編—二〇〇二・八六頁）という理由にして学校を設立したとみることが妥当であろう。

学校以上に子どもの囲い込み施策の意味を持っているのが、孤児院である。教育と医療は、沖縄住民への占領政策に関する訓育機能を有しているといえる。

孤児院をひとつにまとめたことは、結局のところ子どもの福祉の発展をめざしたのではなく、囲い込み施策をより合理的に推進したにすぎない。孤児院に関する資料（孤児名簿、収容児童の死亡記録、引き取り確認書、職員名簿、職務日誌、会議記録、運営方針、会計帳簿など）がいっさい出てこないのは、文書管理が杜撰《ずさん》であったという実際もあったかもしれないが、単にそれだけではなかろう。死亡数の多さなど、孤児院の実際が知られることを恐れたからではなかろうかとする見方さえしたくなるのである。いずれにしても一切これらの史料の存在が確認できないことは、沖縄の孤児院時代のミステリーでもある。

文献や記録的な資料がきわめて少ない状況のもとで、戦後直後の孤児院研究をすすめるためには、孤児院の体験者や従事者の記憶のなかにある事実を掘り起こすことが求められていることを痛感している。

本章で明らかになったコザ孤児院の特徴

コザ孤児院の研究に関しては、沖縄市役所の総務部総務課市史編集担当の方々が地道に研究をされてきている。その成果は、沖縄市戦後文化資料展示室「ヒストリート」などで展示発表されてきた。

そうした研究成果にも学びながら、本章でのコザ孤児院の特徴について、まとめておくことにしよう。

コザ孤児院の特徴の第一として、一九四五年六、七月〜四九年十一月に各地の孤児院の統合を完了し、沖縄厚生園が正式に開設されるまでの四年数ヵ月という最も長い期間存在していた孤児院であった。それと同時に、最も規模の大きい孤児院であった。ただし収容人数八〇〇人説は今後確認すべき研究課題である。

第二に、コザ収容所と孤児院への戦争孤児の大量流入—大量引き取り—大量流入のサイクルが一定の期間、繰り返されたことも特徴のひとつである。占領当初は、北谷《ちやたん》、読谷村の住民、その後に避難民が大量に流入したことで（沖縄市町村長会編—一九五五・四八頁）、六月上旬には収容所全体で六五〇〇人に膨らんでいる。『うるま新報』での三回におよぶ「身寄を求む」での氏名を公表したコザ孤児院の収容児童数は四一二名である。低年齢の子どもについては高橋院長が名前をつけた子どももおり、一九四五年十一〜十二月時点では、のべ四〇〇人を上回る在所児童がいたことがわかる。

第三に、沖縄本島のほとんどの孤児院が臨時的にはテント生活、その後はコンセット（米軍の組み立て式かまぼこ型兵舎のこと。兵員の移動にともない、民間に払い下げられ学校、病院、孤児院、役所などに利用された）での生活を余儀なくされたが、田井等孤児院とともにコザ孤児院では瓦葺の民間家屋を使用していた経緯がある。民間人の強固な家屋であったので、体力のない乳児を百名の孤児院からコザへ移動することが行われた（津波古—二〇一二・六二頁）。

第四に、孤児院の養育係には、元ひめゆり学徒（沖縄師範学校女子部と沖縄県立第一高等女学校）などが従事しており、それは恩師などの指示によってであった。そうした経緯もあって、孤児院内に第四小学校が設立された。その点では、初歩的ではあるが養育と教育を結ぶ実践が展開されていたということができる。

第五として、各孤児院では収容された子どもが相当数亡くなっているが、コザ孤児院においても、そうした現実は免れなかった。毎朝「きれいに拭いて寝かせたのに、髪の毛から顔、手足と体中が便にまみれ」「毎朝、ひとりふたりと冷たくなり、亡くなっていく」（津波古―二〇一二・六四～六五頁）現実があった。そうした現実に関する証言や写真が比較的残っているのもコザ孤児院であるといってよかろう。

こうしたコザ孤児院の特徴をここでは指摘をしておきたい。

まとめにかえて―それぞれのコザ孤児院―

個別の孤児院の研究の第一弾として、コザ孤児院を取りあげて論究したが、「はじめに」でも書いたように、パッチワーク的な論述にならざるを得なかった。しかしこれまでまとまったコザ孤児院に関する研究がほとんどなかったので、断片的な史料をつなぎ合わせて、コザ孤児院像を追究してみた。私自身の資料の読み取りのまちがいや認識不足も少なくないと思っているが、今後の孤児院研究に少しでも役立つことがあれば、望外の幸せである。

一九四九年十一月に沖縄厚生園に統合（当時の収容児童数は、男児一一八人、女児九一人の計二〇九人。沖縄県立石嶺児童園―二〇〇八・四頁）されるまでの戦後の最も困難な応急対応の時期を高橋通仁院長とともに世話係の人々が担ってきた。

孤児たちがどれだけ孤児院で亡くなったのか、また生き延びた孤児たちが戦後をどのように生きたのか、また従事者が孤児院での記憶を抱えてどう生きてこられたのか……孤児院の戦後史に踏み込んでみたいと思う。

那覇市立真和志中学校で、高橋元院長と教師として同校に勤務した本村つる氏は、孤児院についてまったく語り合うことはなかったという。超マンモス校であったので、そうした余裕がなかったのであろうが、それぞれにとってコザ孤児院はどのような記憶のなかにあったのであろうか。孤児と孤児院の記憶を歴史のなかに埋没させてはならないと思う。

第四章　田井等孤児院と日本軍「慰安婦」問題

―沖縄戦直後の各地の孤児院研究と戦争犠牲者の類型―

はじめに

日本軍「慰安婦」と孤児院

本章の題名は、「田井等《たいら》孤児院と日本軍『慰安婦』問題」であり、何が主題になっているのかはわかりにくいかもしれない。沖縄においては日本軍の敗北によって解放（放置）された「慰安婦」（戦時性奴隷）の人々が孤児院に従事し、養育者としての役割を果たしていた事実が散見される。一九四五年六月二十三日に、沖縄における陸軍の最高責任者（第三二軍司令官）である牛島満《うしじまみつる》中将が本島最南端の摩文仁《まぶに》の丘（現在の沖縄平和祈念公園）で自決したことで軍隊は空中分解し、沖縄戦での日本軍の敗退が確定した。日本軍は戦後の処理能力さえも崩壊しており、その支配下にあった日本軍「慰安婦」であった人たちも生活の糧と住居を失うことになった。日本軍から解放された「慰安婦」の人々が生活の場として辿り着いた先のひとつが孤児院であったという事実がある。

一九四四年七月の〝サイパン玉砕〟＝米軍の完全制圧、同年の那覇市への一〇・一〇空襲（十月十日、米機動部隊に南西諸島全域に五波におよぶ大規模な空襲があり、沖縄の主要な飛行場と港湾施設と県都那覇市のほとんどが無残に破壊された）の時点で日本軍の敗北は決定的であったが、日本の戦争指導者たちは、「国体護持」＝天皇制の存続を含む有利な講和条件をつくるために降伏を先延ばしし、沖縄においても時間稼ぎの持久作戦がとられたのである。この持久作戦は、本土決戦論と講和の条件の引き出しという二つの側面を持っていたが、本土決戦と決戦回避という矛盾する内容でもあった。

こうした本土防衛のための時間稼ぎ作戦が、沖縄戦、日本本土への空襲、原爆投下、ソ連軍による「満洲」入植者への迫害の事実とともに、「小笠原諸島や硫黄島の住民が強制疎開による難民化や地上戦への参加を含む軍務動員を強いられたことは、現在の日本国内でもあまり知られていない」（石原俊―二〇一三・一三六頁）実際へとつながった事実がある。

三ヵ月におよんだ「鉄の暴風」は沖縄の風景を一変させ、軍民合わせて約二〇万人の死者（沖縄県一四万九三六二人、県外七万七四〇二人〈「平和の礎」刻銘者数〉二〇一五年六月現在）を出す悲惨な戦闘であった。沖縄戦と孤児院研究は、現在の政治情勢を考えれば、本源的に反戦の思想なしには研究することは不可能である。多くの子どもたちが戦場とともに収容された孤児院で死に絶えている現実、また日本軍によって殺されている実状（太田―一九八二・一六六～一六九頁）、さらに日本軍「慰安婦」の若き女性たちが慰安所での強制的な管理生活から解放され、孤児院従事者になっている歴史的事実は、国家間の組織的暴力が一人ひとりの人間のいのちと人権を踏みにじることを物語っている。

各地の孤児院研究

本章では、田井等孤児院を取り上げて、そこでの戦争犠牲者としての戦災孤児の実態を明らかにし、とくに元日本軍「慰安婦」の人々が孤児院に従事せざるを得なかった事実を確認したいと思う。戦争は終了したとしても、その後もまた戦争孤児たちはいのちの安全さえ保障されることにはならなかった。戦争は子どものいのちと人生を無残に奪うことをあらためて本章を通して訴えたいと思う。

今後の研究課題として、辺土名《へんとな》孤児院、福山・大久保孤児院、百名《ひゃくな》孤児院、石川孤児院、首里孤児院などの孤児院の個別研究をすすめていきたいと考えている。しかし瀬嵩《せだけ》孤児院、古知屋《こちや》孤児院、久志《くし》孤児院、前原孤児院、糸満《いとまん》孤児院などはほとんど記録や資料が残されていないのが実状である。ほとんど未開拓の歴史研究の分野であるので、少しずつでも資料を掘り起こし、文章をつむいでいきたいと考えている。

本章の課題

本章の課題の第一は、田井等孤児院の実態を史料と証言などを通して、できるだけ史実に即して把握することである。田井等収容所のなかに存在した孤児院であるが、その独自の役割は何であったのかを意識して論述する。

第二に、孤児院従事者としての元日本軍「従軍慰安婦」が戦後の孤児院で世話係＝養育実践者として役割を果たしてきたことを確認することである。朝鮮人「従軍慰安婦」の人々が孤児院の従事者になった経緯について、これまでは明らかにされていないが、その点に関しても推論を提起してみたい。日本軍「慰安婦」が孤児院従事者として存在していた事実を隠すうえでも、孤児院の従事者の記録を消滅・廃棄している可能性が大きいのではないかと推測する。

第三として、今日、日本軍「慰安婦」問題をめぐって、さまざまな歴史修正主義が勢いを増しているが、厳然たる事実を否定し、歴史の闇に葬ろうとしている動きに、沖縄における日本軍「慰安婦」と孤児院の実態から反論をしていくことである。いかに事実を否定しようとしても、犠牲になった人々の人生がそこにあったことを消すことはできない。

歴史の論述を修正することはできても、歴史の事実をゆがめることはできない。田井等孤児院を通して事実の持つ重みと当事者の記憶を辿ることで沖縄戦の本質をあらためて確認したいと思っている。

1　沖縄戦の現実と子どもたちの死

沖縄戦後の現実

防衛省防衛研修所戦史室に所蔵されている『沖縄作戦講和録』において「沖縄の一般的な観察」として、「沖縄は今次大戦における唯一の国内戦の戦場となった県であり、物量を誇る米軍に対して約三ヵ月の長期に亘って悪戦苦闘した結果、全県民過半数が遺族となり、平和な緑の島が血の島と化して一瞬に父祖伝来の家財を失った挙句の果（ママ）は敗戦となり、行政分離という同胞としては最も耐え得られない冷厳な現実の下で多年苦しみ悩んだのでありまして、沖縄県民の苦しみは到底本土では想像できない程深刻なものであります」（陸上自衛隊幹部学校―一九六一・№四―五）と記述されている。

講話者は「いずれも沖縄作戦に関しては直接の体験並びに貴重な資料と指揮権を有する方々」であり、元三二A高級参謀・八《や》原博通《はらひろみち》大佐、元大本営陸軍部作戦課長・天野正一少将、元三二A航空参謀・神直道《じんなおみち》中佐、引揚援護局勤務厚生事務官・馬淵新治《まぶちしんじ》　元那覇警察署長・具志堅宗朝、その他島内協力者などの名前が挙げられている。その内容は「同戦史研究上極めて貴重なものである」（陸上自衛隊幹部学校―一九六一・№四―五）。

『沖縄作戦講和録』から重要な内容を紹介しておこう。

沖縄タイムス社長・高嶺朝光の談話では、「軍の士気規律等について」、「日本軍は慰安婦を置いていたが、米軍はそんなことはなく女性に関する事故は聞かなかった。日本軍はぜいたくな物資を使用し、当時物資緊迫の関係もあるが住民を羨望させた」ことが語られている（陸上自衛隊幹部学校―一九六一・№五―九）。日本軍が「慰安婦」を集団とし

表7　沖縄戦の14歳未満の戦場死者

年齢	死者数（人）
13	1,074
12	757
11	696
10	715
9	697
8	748
7	767
6	733
5	846
4	1,009
3	1,027
2	1,244
1	989
0	181
合計	11,483

出典：『沖縄作戦講和録』No4-20

て帯同させていたことがここでも明確に述べられている。

子どもたちの〝戦場死〟

「陸軍関係戦闘協力者」（一九五〇年三月末申告数）四万八五〇九人のうち、年齢区分でみると、七五歳以上三八三名、一四～七四歳まで三万六六三三人、一四歳未満一万一四八三人となっている。沖縄戦の実相には「一四歳未満の死没者数が全死没者数の一／五弱に相当する一事とともに、小児・幼児の被害が多いと言う国内戦の悲惨な実状」（陸上自衛隊幹部学校―一九六一・№四―二〇）があった。

前述の『沖縄作戦講和録』では「陸軍関係戦闘協力者」となっているが、戦傷病者戦没者遺族等援護法（一九五二年四月制定、以下「援護法」）では、支給対象者は、「国と雇用関係又は雇用類似の関係にあった軍人軍属及び準軍属並びにその遺族」である。ただし、軍人については、一九五三年八月に軍人恩給が復活し原則として恩給法が適用されることとなったため、対象者は「遺族年金や障害年金の支給対象者は主に恩給法に該当しない軍人、軍属及び準軍属並びにその遺族」と規定されている。

援護法では、軍属の「戦地勤務の陸海軍部内の雇員、よう人等」もしくは準軍属の「戦闘参加者」と位置づけることによって、援護法に基づいて遺族給付（軍人軍属の遺族への「遺族年金」、準軍属の遺族への「遺族給与金」）を受けることになった。そのことは援護法でいう「国と雇用関係又は雇用類似の関係にあった軍人軍属及び準軍属」として支給対象となることで、靖国神社に英霊として祀られることになった。そうした戦争の事実を隠ぺいする国家的なしかけによって、沖縄戦の日本軍による住民抑圧などの実相は、軍人はもとより遺族から語られることを阻害してきたのである。

先の一四歳未満の死者一万一四八三人の「戦場死に至る理由」を分類すれば、表8のようになっている。ただし分類されているこれらの「理由」が、実際には軍の命令による強制・管理された苦役であったことはいうまでもない。「戦場死に至る理由」のうち「壕提供」は全体の八八％を占めている。「壕提供」と分類されているが、実際の状況は軍隊による壕からの住民・家族の追い出しである。そのことによって艦砲射撃や銃撃戦に巻き込まれることになった。「軍官民共生共死」の方針を掲げながら、軍隊の都合が優先される下で住民は犠牲にされたのである。直接的な戦場地域に住民を戦闘戦略として残したことが大きな犠牲を強いることになったのである。

子どもにとっての「自決」は、まさに集団強制死の道連れにされた結果である。子どもたちがけっして本来の意味での自決（自ら責任をとって自死すること）をしたわけではない。「友軍よりの射殺」も一四名が確認されている。

まさに沖縄戦の教訓は、軍隊は住民を守らないという真実を白日の下にさらしたのであり、とくに低年齢の子どもたちの命さえ軍隊によって奪われるという事実である。

表8　沖縄戦における14歳未満の戦場死者のケース類型

戦場死に至る理由	死者数（人）
壕提供	10,101
炊事雑役救護	343
自決	313
量秣運搬	194
四散部隊への協力	150
保護者とともに死亡したもの	100
弾薬運搬	89
陣地構築	85
食料提供	76
友軍よりの射殺	14
伝令	5
患者輸送	3

出典：『沖縄作戦講和録』No4-21
※総計は11,473人で，表1の総計と10人違っている．

2　田井等孤児院の位置と成り立ち

米軍の侵攻と田井等収容所の成り立ち

名護・山原《やんばる》では、本島の中南部とはやや違った沖縄戦が展開された。日本軍の戦略では、伊江島《いえじま》が重要基地とされ、本部の八重岳を中心に軍隊が配備された。その一方、背後からゲリラ戦を担当する護郷隊《ごきょうたい》（第三遊撃隊）が地元の青年たちを召集して編成された。

護郷隊は一九四五年一月、徴兵年齢前の青少年によって編成され、名護小学校で戦闘訓練を受けた後、三月二十三日、多野岳《たのだけ》を拠点に各地に配置された。四月七日、米軍が名護湾に上陸すると、第一線の戦闘に投入され、ゲリラ戦を展開した。四月下旬、多野岳の基地が米軍によって攻撃されるようになると、激しい戦闘に参加することになり、多くの犠牲者を出した。

他方、県当局は山原を中南部住民の疎開地と位置づけ、避難小屋の建設などの準備が進められた。一九四四年十月十日のいわゆる一〇・一〇空襲で、那覇市は大被害を受け、翌年一～三月にかけての空襲で、多くの住民が山原へと避難・移動してきた。四月六日には、米軍は名護に侵攻し、八日には名護と羽地《はねじ》間を遮断し、八重岳に陣地を構えていた日本軍を孤立させた。住民は山奥深くに避難し、山中での避難生活を余儀なくされた。

六月中旬～七月中旬にかけて、米軍の投降勧告に応じて、捕虜となった元兵士や地元住民や避難民たちは、各地区と各字に設けられた「収容所」に集められた。一九四五年十一月はじめから出身地によっては一九四七年三月に至って故郷への帰村が許された。つまり二年間余りの期間、収容所が存続していたのである。

現在の名護市域でみると、当時の収容所としては羽地の田井等地区、久志の瀬嵩地区・久志地区・大浦崎《おおうらさき》地区が設定された。これらの地区や周辺に仮住まいした住民を合わせると、一時期一五万人の人々が収容所生活を送っていたのである（名護市史編さん委員会編―一九八八・八三頁）。

一九四五年四月八日には米軍は羽地に侵攻し、本部半島を分断した。すぐに田井等地区一帯は「民間収容所」とされ、多くの地元住民や本部・今帰仁《なきじん》などの住民、さらに中南部からの避難民が収容されてきた。田井等地区では一時期、七万二〇〇〇人に人口が急増していた。田井等地区内には軍人収容施設、憲兵本部、裁判所、警察本部、食糧配給所、人事監督署、養老院、孤児院、学校などの諸機関が設置されていた（名護市史編さん委員会編―一九八八・四五三頁）。一九四五年九月には市会議員選挙および市長選挙が実施され、田井等市が成立した。しかし同年十月末には元の居住地に帰ることが許されることで、人口は急減し、実質的に田井等市は消滅することとなった。

田井等収容所は、まず本部の住民とともに山原および中南部の避難民の収容所として位置づけられてきた。戦火は本部までで、ほとんどは南下していくなかで、最初の中心的な収容所となっていた。そこに田井等孤児院が設置されていたのであり、本部と中南部の戦争孤児たちが収容されていたとみることができよう。

田井等孤児院の実際と位置

田井等孤児院は、稲福《いなふく》保一宅に開設された。沖縄においては元孤児院であった建物が二つ現存するが、そのひとつが田井等孤児院（図17）である。もうひとつはコザ孤児院（沖縄市嘉間良《かまら》）であり、両方とも強固な建物である。

田井等孤児院は五〇坪の母家であり、この地区で最も大きな住宅で、六〇人あまりの子どもたちと養育係の人々が生活していた。終戦後、親などに引き取られる子どもたちが相次ぎ、同時に分散する孤児院の統廃合方針によって、一九四六年の春に田井等孤児院はその役割を終えた。

収容人数に関して、『ウルマ新報』（第一六号、一九四五年十一月）によると、田井等孤児院には男児二七人、女児一五人で計四二人が収容されていた。しかしこの収容人数は短期間で多くが変動しているのが実際である。ちなみに養老院には男性二五人、女性一〇人の計三五名が収容されていた（字誌編集委員会編―二〇〇八・一二六頁）。

稲福保一の娘の親川（旧姓・稲福）豊子氏の証言によれば、米軍上陸によって一家はヤマに避難し、終戦によって自らの家に帰ることができるようになった。「最初、アメリカ軍の機械のようなものが入れられて」（字誌編集委員会編―二〇〇八・一二六頁）、家財道具などが運び出されていたという。事務所としての使用をしていたと考えられる。

図16　田井等孤児院の位置

事務所としての使用の「次は養老院のようでした。沢山の年寄りがベッドに寝かされ、きれいな朝鮮の女の人（傍点―浅井）が世話をしていて、子どもたちが行くと、お菓子をくれたりしていました」という状況があった。稲福家の使用で「一番長かったのは孤児院で」あった（字誌編集委員会編―二〇〇八・一二六頁）。

田井等孤児院の変遷は、まず米軍事務所から、次に養老院、最後に孤児院として使われた。このような民家の使用の変遷をみても、米軍の沖縄の占領政策とくに福祉政策に関しては〝泥縄式〟という現実があった。そうした混沌のなかで孤児院の従事者確保は収容所在所者から供給をされたことは想像に難くない。その点では従事者は専門的な人材を確保できる余裕もなく、人材確保はきわめて流動的であった。

孤児・孤老の救済事業は、占領政策の推進の観点から米軍にとっては重要な関心事であり、米海軍は、一九四五年四月、侵攻中にその応急対策を立てていた。〝交戦中の占領〟という実態のなかで、本島内の各市（四月現在、一一市）に孤児院を開設していたが、物慶《そけい》市には孤児院はなかったので、孤児院の数は、辺土名、田井等、瀬嵩、福山、漢那《かんな》、石川、前原、胡差《こざ》、糸満、百名の一〇ヵ所だったという見解がある（幸地―一九七五・一二二頁）。孤児院・養老院は沖縄諮詢会の設立にともなって、米軍政府の管理から諮詢会の社会事業部に移管されたことになっているが、実際には米軍が直接に管理していたのが実態であった。それは、「沖縄には戦前養護施設（孤児院）や保護施設（養老院）等の施設はなかったが、今次大戦において沖縄が戦場の巷《ちまた》と化すや、親は子を、子は親を探し、戦場をさまよえる中に子供や老人は扶養者や保護者を失い、日常生活を営むことのできない要保護者が多数発生した。これに対し一九四五年四月米国海軍政府はこれらの要保護者を緊急保護対策として民衆社会事業家の協力の下に主要な住民避難部落に社会事業施設の仮収容所を設けて、該当者を収容すると共に衣食の給与等を行い保護の措置を講じられた。当時収容人員約五五〇名を推定せらる。一九四六年四月沖縄民政府組織機構司令せらるるや社会事業施設事務を沖縄民政府に移管され、総務部社会事業課の直轄となる」（沖縄群島政府社会事業課編一九五一・七〜八頁）という経緯であった。

図17　現在の田井等孤児院

一九四六年四月、孤児院と養老院は沖縄民政府の創立とともに民政府の手に移管された。孤児院二、養老院二、孤児・養老院合同施設八の計一二ヵ所に、孤児三二八名、孤老二〇九名、計五三七名が収容されていた。田井等孤児院も同様であったが、終戦後、孤児たちは家族・親族に引き取られるとともに、収容所の閉鎖のなかで孤児院は縮小していくことになる。

3　在園児の人数と生活実態

田井等孤児院の収容推移

『沖縄民政要覧』（一九四六年）によれば、田井等孤児院（羽地村田井等）は職員数一五人（養老院と合計）、収容人員は男二〇人、女子一三人の総計三三人となっている。ただし一九四六年のどの時期かは明確ではない。収容人員は家族・親族の引き取り―死亡―収容の繰り返しでかなり流動的だったことは確かである。

『ウルマ新報』（第一六号、一九四五年十一月七日）の「身寄を求む」（連絡先は、院長の仲井間憲孝《なかいまけんこう》）によると、田井等孤児院には男児三六人、女児三三人、姓名不詳の者六人で計七五人が収容されている。同じく『ウルマ新報』（第三七号、一九四六年四月三日）の「身寄を求む」では、収容人数は六一人（男児三九人、女児二一人、不明一人）となっている。そのうち名前で確認すると、『ウルマ新報』第一六号と第三七号で五ヵ月の期間をおいて二回掲載されており、そこで継続して名前が掲載されていたのは一四名である。ということは、単純計算ではあるが姓名が不明のものを除くと、五五人が引き取られており、新規に入所した児童は四八名である。こうした収容児童数の変動をみると、五ヵ月あまりで五分の四の児童は入れ替わっている。引き取りと収容が頻繁に行われていたことがわかる。

一九四六年十一月の時点での田井等孤児院の収容人員は男児二七人、女児一五人、計四二人が掲載されている（『うるま新報』第六八号、一九四六年十一月八日）。ちなみに首里（六〇人）、百名（一八人）、糸満（六人）、コザ（八五人）、石川（二〇人）、宜野座《ぎのざ》（三七人）、福山（六六人）、田井等（四二人）の孤児院の総計は、性別が確認できるのは男児一七〇人、女児一二六人で、総計では三三四人となっている。

この総計の人数は、一九四九年三月、首里の孤児院、養老院の収容者とスタッフが移転し、同年十一月に沖縄民政府が本島五ヵ所にあった孤児院を統合し、中華民国軍の駐屯地「チャイナ・ホーゼ」跡に開設した沖縄厚生園の収容人員二〇九人（沖縄県立石嶺児童園─二〇〇八・四頁）への過渡的な数字である。一九四九年九月現在、福祉施設で救済を受けているものは沖縄全体で八二八人、そのうち孤児は五九六人であったと記録されている（Headquarters Ryukyu Commands Military Government─一九四九・三五頁）。ただこの数字の内訳は明らかではない。

沖縄戦後一年半が経過した時点で、収容所からの帰村が本格的に行われるようになったが、一九四五年には、「早くも十月には各収容地区からの『帰村』（元住んでいた村への移動）が開始され、米海軍政府指令第二四号（十月十四日付、三二二頁参照）によって旧中頭郡の宜野湾、浦添《うらそえ》、中城《なかぐすく》、西原、北《ちゃ》谷《たん》、読谷山《よみたん》、越来《ごえく》の七村は胡差市に編入された。十一月には田井等地区から越来村の人々が移動（帰村）」している（読谷村史編集委員会編─二〇〇四・第四章「米軍上陸後の収容所」）。沖縄戦直後から開設された田井等収容所のなかに開設された田井等孤児院は、収容所からの帰村がはじまることによって、その役割も縮小されていった。

軍事上の必要と基地建設計画によって、住民は収容所間、地域から地域へと次々に移動させられた。米軍による移動の指示は、無計画な移動を求めることとなった。基地建設の計画は、拡大され、修正され、それから削減され、しばらく見合わせるという変更の連続であった。それで住民はその間もつねに移動しなければならなかったのである（沖縄県文化振興会公文書館管理部史料編集室編─二〇〇〇・六頁）。

沖縄戦後の孤児院の設置と運営は、きわめて流動的で、収容と引き取りの繰り返しが続い

表9　田井等孤児院の戦後1年半の収容人員

公表年月	男児	女児	その他	収容人数総計
1945年11月	36人	33人	姓名不詳6人	75人
1946年4月	39人	22人	不明1人	62人
1946年	20人	13人		33人
1946年11月	27人	15人		42人

出典：『ウルマ（うるま）新報』第16号・第37号・第68号，『沖縄民政要覧』1946年

ていた。孤児院の統廃合が強引にすすめられ、田井等孤児院もそうした占領政策の流れのなかで縮小・廃止という道を歩むこととなった。

ネグレクト死の実態

孤児院の実態について、「毎日のように山から運び込まれて来る小さい子どもたちは、裸にされていましたが、どの子も栄養失調でした。縁側に寝かされても翌朝までに半数は死んでいましたが、『シニイジ』と言いますが、子どもたちは汚物にまみれており、朝鮮の女の人たちがダンボールに入れて埋葬していました」（字誌編集委員会編二〇〇八・一二七頁）という証言がある。

どの孤児院においてもそうであったが、各孤児院では栄養失調の子どもたちはせっかく戦場のなかで生き残ったのに、孤児院で死亡するケースは相当数あったといわれる。しかし在園児童の死亡数に関して、正確な数字は残されていない。管理運営の前提でもある記録が孤児院に関して残されていないことは、米軍占領の実際が公表されうる、都合の悪い記録が処分されていると考えた方が妥当である。

沖縄戦における住民被害の類型

沖縄戦住民被害の類型化について、石原昌家氏の整理は貴重である。文献での整理が困難な課題であるが、氏は膨大な聞き取り調査のなかで以下のように整理をしている（石原昌家二〇一三・一二二～一二五頁）。傍線の内容は、筆者が加筆した項目である。

1、米英軍による被害
①　米軍の爆撃機による空襲
②　米英艦船による艦砲射撃

③　地上戦闘における米軍の砲・銃撃など
④　米軍の「馬乗り攻撃」（避難している洞窟・壕内の出入り口や洞窟の天井部分に地上から削岩機で穴を開け、ガソリン・爆雷・ガス弾などでの攻撃）
⑤　米軍の最高指揮官、バックナー中将の戦死に対する無差別報復攻撃
⑥　米軍が収容した住民に供血の強要・断行
⑦　婦女子に対する戦場・収容所内での強姦
⑧　戦果アギャー（米軍から物資を盗む）に際して、銃殺傷や拘禁

2、日本軍（皇軍）による被害

（1）日本軍に直接殺された人の態様
①　スパイ視
②　食料強奪
③　避難壕追い出し
④　軍民雑居の壕内で、乳幼児が泣き叫ぶのを殺害すると威嚇（軍事機密の陣地・日本軍の動向が敵に知られてしまうのを防ぐため）
⑤　米軍の投降勧告ビラを拾って所持しているものをスパイ・非国民視
⑥　米軍への投降行為を非国民視
⑦　米軍の民間収容所に保護された住民を非国民視・スパイ視して襲撃
⑧　米軍に保護され、投降勧告要因にされた住民を非国民・スパイ視

⑨　①、⑤～⑧への対応としての射殺

（２）日本軍に死に追い込まれた人の態様

①　退去命令（退去先が食料の入手困難な地域で栄養失調・悪性の戦争マラリア発生地で罹患）

②　「作戦地域内」からの立退き、立ち入り禁止によって砲煙弾雨の中で被弾

③　日本兵の自決の巻き添え

④　砲撃の恐怖・肉親の死などによる精神的ショックで精神障害者になり、戦場をさまよい被弾

⑤　日本軍による集団死の強制（日本軍の「軍官民共生共死」の指導方針の下で、命令・強制・強要・誘導・示唆・強引な説得などによって、親が子を、子が親を殺す形になったり、友人・知人同士で手榴弾・爆雷・猫いらず・縄・鍬《くわ》・カマなどで集団死したりするよう仕向けた）

⑥　砲煙弾雨の中での弾薬運搬・食糧運搬・患者の輸送等の強要

⑦　砲煙弾雨の中での水汲み・炊事・救護等雑役の強要

⑧　砲煙弾雨の中での陣地構築の強要

⑨　防衛召集以後に残存していた住民を義勇兵として強制的に編成

⑩　避難住民に直接戦闘に参加することを強要

⑪　軍民雑居の壕内で泣き叫ぶ乳幼児を、肉親が殺害することを強要（軍事機密である陣地が敵に漏洩することを防止のため）

⑫　立退き命令などによる肉親の遺棄（高齢者、障害者＝精神障碍者・聾啞者、病人などの衰弱・被弾）

⑬　鉄血勤皇隊などの学徒隊の強制的組織化による少年・青年の戦傷死

3、戦争に起因する被害

①非戦闘地域における栄養失調（米軍が上陸しなかった地域でも食糧難のため）
②中毒（ソテツなど中毒を起こす植物を食糧難で食べたため）
③非戦闘地域における病気（衣料品の不足のため）
④避難民収容所内での衰弱（負傷・栄養失調）
⑤孤児院内での衰弱・衰弱死（負傷・栄養失調）
⑥養老院内での衰弱・衰弱死（負傷・栄養失調）
⑦住民同士のスパイ視（略）
⑧住民同士の食料強奪（避難民の農作物盗りに対する地主の過剰防衛）
⑨米軍の潜水艦攻撃による撃沈（一九四五年以前、沖縄—本土航路の貨客船や疎開船、南洋からの引揚船が撃沈された）
⑩学童疎開地での衰弱（栄養失調）
⑪辻にいたジュリ（尾類＝遊女や芸妓）を日本軍「慰安婦」として徴用
⑫高齢者の戦争トラウマの発症

※住民被害以外の国別戦闘員と強制連行の戦死

（1）日本軍の軍人・軍属（野戦病院などでの自決の強要、薬殺を含む）
（2）米英軍人
（3）日本軍の強制連行による朝鮮人軍夫・朝鮮人「慰安婦」（正しくは性奴隷）

一般住民の被害者は、米英軍による攻撃の結果だけではなかった。「軍官民共生共死ノ方針」によって戦場に動員されたり、避難していた壕から日本軍に追い出されたり、あるいは直接に殺害されたりなど、沖縄戦と住民の戦争体験には日本本土にはない特異性がある。日本本土の戦争被害と沖縄の住民の戦争体験の決定的な違いがそこにある（石原昌家―二〇一三・一二二頁）。

4　孤児院従事者としての元日本軍「慰安婦」

在園児童の証言のなかから

韓国のナヌムの家・日本軍「慰安婦」歴史館の研究員らが県内の慰安所跡や「従軍慰安婦」にされた女性たち、朝鮮人軍夫についての聞き取り調査をしている。一九四五年頃、羽地村（当時）の田井等孤児院で過ごした座覇律子氏（七五歳〈二〇〇八年当時〉本部町）と、沖縄戦中に朝鮮人軍夫が働く港近くに住んでいた友利哲夫氏（七五歳〈二〇〇八年当時〉名護市）が証言した。当時一三歳だった座覇氏は孤児院で元慰安婦だった女性らに育てられた状況を説明。「ササキのおばさん」と呼ばれていた元慰安婦について「日本語は分からないが、子どもたちの洗濯や世話をしてくれた。美人で、とても優しかった」と振り返った。

孤児院近くにあった野戦病院でも元慰安婦の女性が看護師として働いていた。座覇氏は、孤児院を出た後に周りから女性らが慰安婦だったことを聞かされたといい、「慰安婦と言われてもまだ幼かったので、女性たちが何をされていたのかも分からなかった」と語った。戦後、女性らが帰国する記事をみて、「当時は無事に帰国するんだと思ったが、女性が大変なことをされたことを後で知った。今、当時を振り返ると帰国後どんな気持ちで暮らしているのかと思うと胸が苦しい」と語っている。ナヌムの家には現在、慰安婦にされた女性七人が生活している（二〇〇八年当時）。同館には、渡嘉敷島《とかしきしま》で慰安婦として働かされたペ・ポンギ氏の生涯が展示されている（「『孤児院で子の世話』／沖縄戦当時の従軍慰安婦」『沖縄タイムズ』二〇〇八年三月十六日）。

孤児院従事者としての朝鮮人「慰安婦」

「そもそも沖縄は、『慰安婦』の存在が公の場に現れた最初の地域である」（洪―二〇〇九・一六頁）。一九九二年には沖縄には一三一ヵ所の「慰安所」があることを沖縄の女性たちが調査を通して明らかにしている（賀数―二〇〇九・五四頁）。

座覇律子氏の証言によれば、「孤児院には、一〇〇人位の一二歳以下の子どもが収容されていた」ということである。実際には「朝鮮人の女性たち一〇人ほどが、あれこれと世話をしていました。慰安婦だったんでしょうか、体格が良く美人でした」（字誌編集委員会編―二〇〇八・一二七頁）と証言している。

「慰安婦」とされた女性は、朝鮮人が一〇〇〇人、沖縄の遊廓である辻出身の女性が五〇〇人、日本本土、台湾の女性も若干数いたのではないかとされている（高里―一九九八・四五四〜四五九頁）。

浦崎成子氏は、沖縄に駐屯した日本軍が以前どこに配備されていたかを明らかにしている（浦崎―二〇〇〇）。沖縄の中心的な守備隊を任された第三二軍のほとんどが、中国大陸から移動してきた部隊によって構成された軍隊であり、彼らはすでに中国で「慰安所」を部隊に帯同させしていた経験を持っていた、占領軍としての性格を持ったまま沖縄に配備されてきたという経緯がある（玉城―二〇〇九・一二一頁）。ただ第三二軍は一九四四年三月十五日に編成された沖縄守備隊であり、それ以前から日本軍「慰安婦」は配備されていた。とくに一九四一年頃からは「従軍慰安婦」といえば朝鮮人女性という通念ができあがっていたといわれる（福地―一九八六）。

沖縄の唯一の遊廓街となったのは辻（女性だけによって運営される特別地区）で、一九三四年頃には一七六軒以上の遊廓が建ち並び、あらゆる階層の男性たちが出入りするようになっていた。その結果、大正年間には沖縄県の年間予算の五%を占める税収があったといわれるほどの隆盛を呈し（太田他編著―一九八四・九九頁）、沖縄県の一大産業といえる状況を呈していた。しかし太平洋戦争が勃発すると、一九四四年のいわゆる一〇・一〇空襲で焼き尽くされ、遊廓街としての辻はその歴史に幕を下ろすこととなった。この際、一部のジュリは慰安婦として軍に徴用されたのである。その徴用の方法や実際の人数は史料的には把握できていない。

沖縄の戦時体制の特徴は、「慰安所」の数の多さと、現地の「遊廓」（辻）から多くの女性が「慰安婦」として動員されたという点で、本土の状況とは大きく異なっている。さらに朝鮮人「慰安婦」を数多く抱えていたという点でも大きな特徴があったといえよう。

沖縄戦の終結にともなって各部隊の解散が行われることになる。収容所に一時期は全島民の八五%（川平―二〇一一・四二頁）の住民が収容されている社会状況のもとで、沖縄に家族・親戚のない朝鮮人らの「慰安婦」たちは、荒廃した野に放置されることになったのである。

朝鮮人従事者のその後の行方

朝鮮人「慰安婦」の後に、孤児院の養育係に従事した女性の行方はほとんどわかっていない。相当な人数が孤児院に関わったと思われるが、その証言も行方も確認できないのが実際である。

その理由について補足的にいっておくと、住民と「慰安婦」が物理的にも心理的にも分断されていた現実を反映していることがあげられる。「慰安所」の開設に関する住民説得の論理として、「身近な女性や子どもを兵士の毒牙から守るためには、慰安所、慰安婦は必要だという意識が、住民をも強く支配」していたために、「強姦防止策という口実」がまかり通り（高里一九九八・四五三頁）、心理的には明確に分断されていたのである。また、「朝鮮ピー」や「ピー所（屋）」という隠語（「朝鮮ピー」とは、「慰安婦」のことを指す隠語である。「ピー」とは、女性の性器を表す中国語の隠語からきている。「慰安所」は「ピー所（屋）」と呼ばれていた）は、そうした分断を促進する役割の梃子になったということができる。

そのうえで物理的に住民とは生活空間を分離することで、環境的には隔離政策を採ってきたということができる。そのことで住民も安心をしてきた現実があったといえよう。同時に軍直轄の環境で、住民との接触はほとんど制限されていたことがある。事実上、住民にとって、日本軍「慰安婦」はふれずらい囲い込みのなかにあった。こうした政策的な環境によって、日本軍「慰安婦」であった女性が孤児院の養育係として従事していても、言葉の壁も含めて彼女たちの行方は闇に葬られていったのである。むしろ意図的に闇に葬られたというべきであろう。

歴史の証拠隠滅

沖縄における孤児院研究には多くのミステリーがある。最も大きなミステリーは、孤児院に関係する各孤児院の状況がわかる史料がほとんど見当たらないことである。それは米軍が持ち帰ったのか、もしくは廃棄したのか、日本・沖縄行政の関係者がしまいこんだのか、史料の行方は不明のままである。こうした事実はわが国の戦後史のミステリーでもある。日本軍「慰安婦」に関する史料が乏しいことが問題になっているが、それは沖縄の孤児院研究においても同様である。

ただ日本軍「慰安婦」に関する史料は、二〇一四年六月に開催された第一二回日本軍「慰安婦」問題アジア連帯会議で「河野談話」（一九九三年八月四日、河野洋平官房長官によって出された、「慰安婦」に対する強制性を認め公式に謝罪した談話）以降に、新たにみつかった五二九点の資料（公文書）が内閣に提出されている（林博史「揺るがない国家犯罪の事実」『新婦人しんぶん』二〇一四年九月十八日）。

一九四五年八月十四日、ポツダム宣言を受諾し敗戦が決まり、十五日に終戦が天皇によりラジオ放送された。ポツダム宣言には、連合国による占領方針が示され、戦争犯罪に関する処罰が明記されていた。そうした情勢のなかで戦争責任の追及を恐れた軍部や政治家などは、「証拠を隠滅する」という方策をとった。閣議によって機密書類の焼却が決定され、軍部はもちろんのこと、市町村レベルまで、戦争に関する機密書類を焼くようにという通達が出されたのである（吉田―一九九七・一二七〜一三〇頁）。天皇への侍従武官府の上奏資料も焼却されており（久保他―二〇一四・三一頁）、戦争責任に関する重要書類は焼却されている。

こうした歴史の証拠隠滅によって、陸海軍が「残すことを決めた文書類以外で焼却を免れたのは、おそらく〇・一%にも満たなかったと思われる」（田中編―一九九五・X頁）と推定されている。ほとんど戦争遂行に関する史料は闇に葬られたのである。多くの兵士がどこでどのような死に方をしたのかもわからないままになっていることも、また沖縄だけでなく、本土における孤児院のなかで子どもたちが大量に死亡した事実に関しても不明な状況のままであることは、こうした敗戦直後の「証拠隠滅」策に起因しているといえよう。

5　田井等孤児院と朝鮮人「慰安婦」

日本軍「慰安婦」たちはどこへ行った？

日本軍「慰安婦」はどのような経路で孤児院に移動してきたのか、移動の指示はどの部署から行われたのか、孤児院から郷里や母国に帰ったことについて、どのような手続きのなかで帰国・渡航ができたのかなど未解明な点が多い。

朝鮮出身の軍人・軍夫は捕虜収容所に収容されていたが、朝鮮出身の女性たちは沖縄や九州出身の元「慰安婦」たちと同様に、宜野座や田井等などの民間人収容所に入れられていた。宜野座や田井等では、朝鮮人女性たちが孤児院や野戦病院に従事していたことが証言者によって目撃されている。孤児院には避難中に親・家族とはぐれ、栄養失調とシラミや汚物にまみれた子どもたちが毎日運び込まれていた。

田井等孤児院では、朝鮮の女性一〇名ほどが世話係として従事していたという証言がある。先述の通り、この証言は当時の収容児童であった座覇律子氏のものである（女性たちの戦争と平和資料館編―二〇一二・四五頁）。

ただ史料的にはその人数に関しては確認するものはない。『沖縄民政要覧』（沖縄民政府総務部調査課、一九四六年四～十二月末までの戦後最初の行政統計）によれば、職員数は二五人で男女比は不明である。ちなみに収容人員は三三人（男子二〇人、女子一三人）である。収容人員三三人に対して職員二五人はかなり多い配置でもあるが、この人数は養老院の職員を含めた人員である。

生きるための孤児院での従事

当時の孤児院には孤児の収容という側面とともに、身寄りのない人たちのシェルターとしての役割をも果たしていたのである。渡嘉敷島の慰安所で従事したペ・ホンギ氏は「女中で使ってくれませんか」という一つ覚えのたどたどしい日本語を使って店を転々として客を取り、放浪をしながら沖縄戦後の生活をはじめた（川田―一九八七・六〇頁）。また日本軍に管理の下にあった朝鮮人「慰安婦」たちの戦後は、「私の帰る国はない……」という厳しい現実であった（福地―一九九二・一九三～一九八頁）。

こうした証言などを踏まえると、日本軍の惨敗により、朝鮮人「慰安婦」たちは慰安所から「解放」されて、放浪生活を余儀なくされたのである。そうした状況のなかでは孤児院や養老院は生き延びるための施設でもあった。統治者である米軍が元「慰安婦」の女性たちを組織するほどの統治能力があったとは考えられない。自力で自らの生活の場を探し求めて来たのであろう。

一九四五年十月、十一月の米軍報告書「沖縄から送還朝鮮人名簿」によれば、総数一五八四人のうち九七人は女性であろうと記録されている（第一二〇回国会参議院会議録第一三号抜粋、一九九一年四月一日）。比率でみれば、全送還者のうち六％であり、圧倒的に女性は少ない。

米軍の軍政活動報告には、朝鮮人「慰安婦」の管理が各地区で問題になり、十月には約一五〇人を送還する計画を立て、十一月には引き揚げが完了している。一九四五年十一月に、朝鮮人「慰安婦」四〇人がキャンプ・コザに集められ、そのほかの収容所から集められた一一〇人と合わせて、一五〇人が朝鮮に引き揚げられたと記録されている（沖縄県文化振興会公文書館管理部史料編集室編―二〇〇五）。「母国に送還されたる予定の朝鮮女性名簿」一四七人分が史料として確認をされている（女性たちの戦争と平和資料館編―二〇一二・四五頁）。

しかしペ・ポンギ氏のように、引き揚げ船に乗ることもできず、沖縄で生涯を閉じた方々も少なくなかったであろう。また「こんなに汚れたからだでは帰れない」と帰国をあきらめて沖縄や日本に残った元「慰安婦」の人たちもいた。戦争が終わっても「慰安婦」被害者のその後は厳しく辛い生活を余儀なくされたのである。

6　あらためて日本軍「慰安婦」問題を考える

日本軍「慰安婦」問題をめぐる異様なキャンペーン

日本軍「慰安婦」問題に関して、朝日新聞は二〇一四年八月五、六日付で「吉田証言」の内容を虚偽と判断し、記事を取り消すことを表明した。その後の朝日新聞バッシングは異常ともいえる状況を呈している。そのバッシングの目的と構造は、「慰安婦」問題での日本軍の責任と強制性を国際的に認めたうえで、謝罪を表明した「河野洋平官房長官談話」（一九九三年八月四日）の撤回に向けられている。そのうえで「河野談話」に代わる新たな官房長官談話を出すことがめざされている。

だが、「河野談話」の「維持・継承すべき積極的な諸点」と「克服すべき点」という二面性を持っていることも押さえておくべきである（吉見―二〇一四・二一〜四頁）。

問題は、国際的な論議と裁判による事実確認の到達点をほとんど無視して、朝日新聞バッシングとキャンペーンが行われ、日本軍「慰安婦」問題の捉え方に関して加害者と被害者という基本構造さえ否定して展開されていることである。癒しがたい人権侵害に対する想像力が問われている課題でもある。残念ながら歴史の事実を修正する企てが今日ほど大手を振って論じられている時代はなかったといえよう。

しかし、すでに国際的にみれば、日本軍「慰安婦」問題は、その責任と強制性は確認がされているといってよい。吉見義明氏が二〇一三年六月四日に発表した「橋下徹市長への公開質問状」（http://ajwrc.org/jp/modules/bulletin/index.php?page=article&storyid=804）に添えられた別紙「日本軍・日本政府による軍慰安所制度の創設・運用等に関する資料」で、「一、軍慰安所の設置と徴募、二、徴募・渡航の方法・条件を指示、三、軍慰安所の監督・統制、四、軍慰安所の衛生管理、五、軍紀風紀維持に関連して」一五あまりの通牒（通知）、規定、業務日誌、文書などが史料として明示されている。ここではその史料を紹介する紙幅はないが、「五、軍紀風紀維持に関連して」の史料をあげておくと、陸軍省は、「事変地に於ては特に環境を整理し慰安施設に関し周到なる考慮を払ひ、殺伐なる感情及劣情を緩和抑制することに留意するを要す」（陸軍省副官送達「支那事変の経験より観たる軍紀振作対策」一九四〇年五月）ことを、関係陸軍部隊に送達していることが紹介されている。

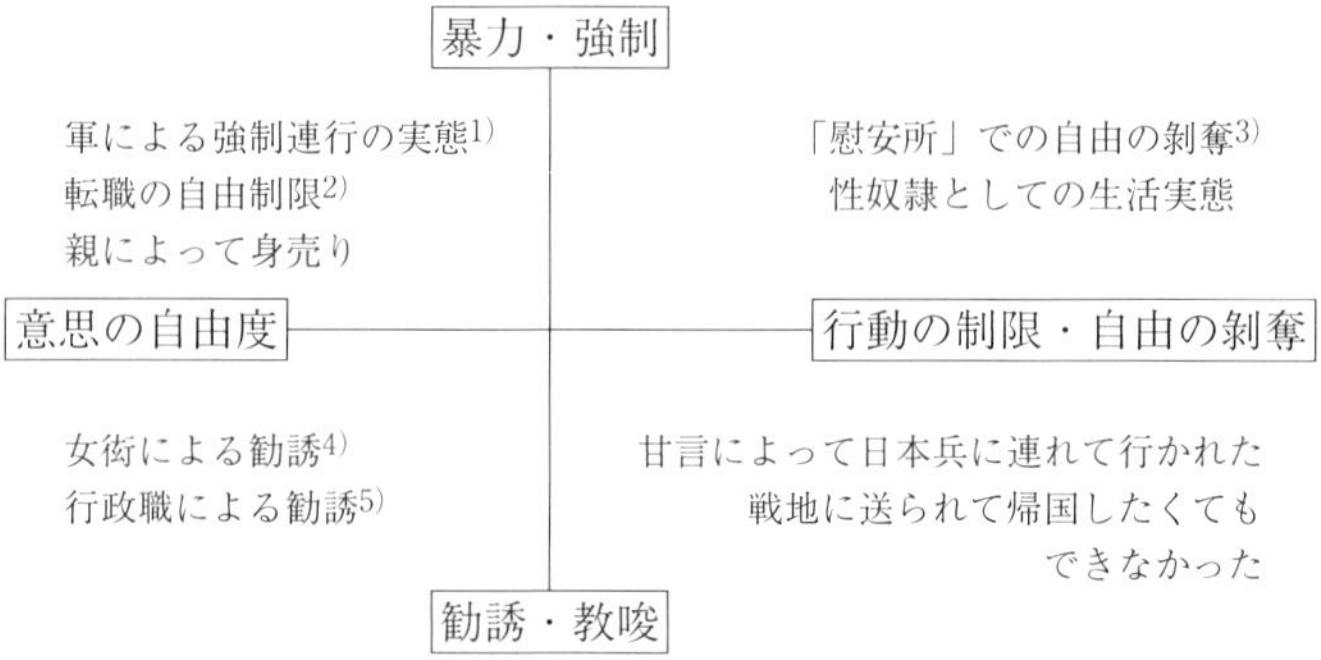

図18　日本軍「慰安婦」をめぐる“強制性”の捉え方

1)「日本人と朝鮮人の青年から『金もうけができる仕事があるからついてこないか』と誘われて，これに応じたところ，釜山から船と汽車で上海まで連れて行かれ，窓のない30ぐらいの小さな部屋に区切られた『陸軍部隊慰安所』という看板が掲げられた長屋の一室に入れられた」（「釜山『従軍慰安婦』・女子勤労挺身隊公式謝罪請求訴訟」の広島高裁判決（2001年3月29日）．

2)徴用・募集によって特志看護婦や軍需工場への応募などによって，強制的に「慰安婦」にされたケースで，逃げる自由はまったく奪われていた．

3)多数の軍人相手の性行為の強要とともに暴力支配の下での生活であった

4)「女紹介人」という男性に騙され沖縄に連れて来られた（川田—1987・39〜45頁）．

5)「1か月30円，親孝行できるよ」と巡査と村長が勧誘したケース（福地—1992・122頁）．

日本軍「慰安婦」問題の〝強制性〟をめぐる論議について、「日本軍による強制連行がなかったのであれば日本に責任はない」という主張が繰り返し述べられている。また橋下徹大阪市長（当時）は二〇一四年五月十三日、従軍慰安婦問題について「軍の規律を維持するには当時は必要だった」と述べ、「銃弾が雨・嵐のごとく飛び交う中で、命を懸けて走っていく時に、猛者集団、精神的に高ぶっている集団をどこかで休息させてあげようと思ったら、慰安婦制度が必要なのは誰だって分かる」と発言をした。

日本軍「慰安婦」問題の整理

強制とは「権力や威力によって、その人の意思にかかわりなく、ある事を無理にさせること」である。強制性の概念操作によって、日本軍「慰安婦」問題を修正し偽造する策動も顕著になっているなかで、あらためて日本軍「慰安婦」問題における強制性の捉え方について整理しておきたい。

日本軍「慰安婦」問題をめぐって、①強制連行に焦点があてられているが、強制性が連行という慰安所への入り口の段階の問題に矮小化されていること、②性的行動に関する自己決定・意思を無視した強制性の問題、相手を拒否する自由が奪われている状況として捉える事実関係であること、③慰安所から移動して他の職業を選べる自由の剝奪を現実問題として捉えること、④強制性の概念をめぐって、暴力や脅迫をともなった連行の方法や金銭による誘導や教唆などさまざまな強制性のレベルと方法があることを確認しておくべきである。

図式化（図18）してみると、暴力・強制と勧誘・教唆の軸と、意思の自由度と行動の制限・自由の剝奪の軸を立てて検討することで整理することができる。

まとめにかえて—戦争が生み出す地獄の近接領域としての孤児院と「慰安所」—

二〇一五年は沖縄戦および第二次世界大戦終結七〇年である。戦後から今日まで七〇年間、わが国は戦争に直接参戦することなく歩んできた。この事実は憲法第九条が存在し、戦争をしない国のままでという国民のねがいと運動が根強く存在していることにある。

しかし今日の集団的自衛権行使の容認という閣議決定（二〇一四年七月一日）が行われ、その後、「国際平和支援法」と戦争関連法が国会で強行採決されるなかで、憲法第九条を骨抜きにしてしまう暴挙が安倍政権によって推進される事態を迎えている。

このような時代状況のもとで、沖縄戦と孤児院、沖縄における日本軍「慰安婦」の存在は、戦争がいかに人間の存在を否定する行為となるのかを歴史的に示しており、日本の進路について政治的選択をするうえで、大いに参考にしていただきたいと願っている。

二〇一五年十二月二十八日、日韓外相の共同発表で岸田外相は「慰安婦問題は、当時の軍の関与の下に、多くの女性の名誉と尊厳を深く傷つけた問題であり、かかる観点から、日本政府は責任を痛感している」ことをあらためて表明した。「日韓苦心の着地点」（『朝日新聞』十二月二十九日）という面があるにしても、歴史の事実に基づいて深く究明していく市民的な努力が求められている。

とくに本章をまとめるにあたって、いわなければならないことは、戦争はその過程だけでなく、終結後も地獄を生み出して、多くの弱者が犠牲になっていくという歴史の事実である。沖縄だけでなく、日本本土の孤児院（児童養護施設）の実状は、戦争が終っても最も弱い存在である子ども、女性、他国籍の人々を苦しめてきたのである。「慰安所」制度は、戦時体制における構造的な女性への人権侵害であったし、そこで行われたのは「慰安」などという内容ではなく、強姦・性暴力そのものであったという視点の獲得こそが求められている。

第五章　石垣救護院の設立と幻の宮古孤児院

―沖縄本島以外の孤児院をめぐる動き―

はじめに

沖縄本島における戦闘被害の特徴は地上戦による住民を巻き込んだ一家全滅や死亡率の多さであったが、本島以外の群島においても多大な被害を生み出しており、群島においてそれぞれに福祉的取り組みがなされてきた。

本章では本島以外の石垣島での救護院（孤児と孤老の混合収容）をめぐる設立と実践、宮古島では設立の取り組みの顚末をまとめておくことに限定して記述した。

米国軍政府布令二二号「群島政府組織法」により、一九五〇年八月に奄美、沖縄本島、宮古、八重山の四群島政府が設置され、その後一九五二年四月の琉球政府が設立された。一九五一年九月には、群島政府は従来の社会事業課の扶助係、施設係と並行して企画係と児童係を新設した歴史がある（当山―一九九八・三～八頁）。それ以前については米軍統治の時代であるが、とくに本島以外の福祉領域に関してはそれぞれの住民と行政府に委ねられる状況が少なくなかった。その意味では戦後の五年間は各島の住民および行政によって独自の取り組みが展開された期間であった。

今後、沖縄本島での個別の孤児院に関して整理する予定であるが、サイパン孤児院（第二章を参照のこと）と同様に、本島以外の群島における取り組みに関する史実を紹介しておきたい。現在、確認できる史料をつなぎ合わせて、本島以外での孤児院設立の取り組みと実践についてまとめておくことにする。

なお、史料に関しては、①石垣島、宮古島の行政史および関連する実践領域の歴史をできるだけ検索し、②『みやこ新報』『宮古タイムス』の地元紙の関連記事を拾い、③石垣島、宮古島の戦争体験などの手記に目を通すことでまとめたものであるが、空白部分も多く、歴史の事実のごく一部を切りとった記述とならざるを得なかった。すでにインタビューをさせていただく人たちが生存されていないことも研究上の制約であった。同時に福祉分野（当時の孤児院、養老院）の記録が行政史のなかに位置づけられ残されていないことも大きな制約であった。

本島以外の戦後沖縄における民衆の福祉復興の息吹を整理しておくこととともに、福祉課題が行政施策にどう位置づけられてきたのか、またその問題点を探ってみたいと考えている。そして戦争の記憶としての戦争マラリアの実態と孤児院での実践の記録を紹介しておくことにしたい。

1　沖縄の戦後処理と本章の課題

ニミッツ布告と戦後処理

一九四五年四月一日、沖縄本島に上陸した米軍は数日後（布告の日付がされていないが、四月五日といわれる）、海軍元帥ニミッツの名によって「米海軍軍政府布告第一号」を発し、「日本帝国政府のすべての行政権を停止」して軍政府を設立した。

布告の目的は以下のように記されている。

米国海軍軍政府布告第一号

米国軍占領下ノ南西諸島及其近海居住民ニ告グ日本帝国ノ侵略主義並ビニ米国ニ対スル攻撃ノ為、米国ハ日本ニ対シ戦争ヲ遂行スル必要ヲ生セリ且ツ是等諸島ノ軍事的占領及軍政ノ施行ハ我ガ軍略ノ遂行上並ニ日本ノ侵略力破壊及日本帝国ヲ統括スル軍閥ノ破滅上必要ナル事実ナリ。

治安維持及米国軍並ニ居住民ノ安寧福祉確保上占領下ノ南西諸島中本島及他島並ニ其近海ニ軍政府ノ設立ヲ必要トス。

凄惨な地上戦を繰り広げた沖縄戦は、六月二十三日には日本軍の組織的な抵抗がほぼ停止したことで終わった。その二ヵ月後、日本政府がポツダム宣言を受諾し、連合国に無条件降伏をした一九四五年八月十五日、米国海軍軍政府は、沖縄本島の石川に各地区から代表者を召集し、二十日には沖縄諮殉会が設置された。沖縄諮殉会の性格は、米軍政府の諮問機関であるとともに、米軍と住民との橋渡し的な役割を担っていたが、本質的には米軍の管理統制化にあったことはいうまでもない。

したがって軍事的抵抗もなく、沖縄県民による政治機構が成立した段階においてはニミッツ布告のいう「軍政府ノ設立ヲ必要」とはしなかったのである。「ふつうであれば、この段階において沖縄は、ふたたび日本とほぼ同一の状態において（軍政を解除されて）連合軍の占領下（間接統治の状態）にはいるべきはずであった」のである。ここでいう「ふつうであれば」という意味は、一つは、沖縄が日本のひとつの県であったという歴史を前提とするという意味と、もうひとつは、沖縄を占領した米軍と日本を占領した連合軍は実質的に同じであったからという意味である。しかし、「本土と沖縄を一緒にして、占領統治を行うという措置はなされなかった」（新崎―一九七六・一二頁）のである。

沖縄における軍事的意義は、本土決戦の可能性がなくなった時点で、消滅したと考えられていたといってよい。しかしヨーロッパや極東における共産主義勢力の台頭にともなって、米国政府は一九四八年十月頃から沖縄の軍事的価値を再認識することになった。その結果、基地建設と地域住民の社会経済的基盤の再活性化が基本戦略となってきたのである（アーノルド・G・フィッシュ二世―二〇〇二・一三二頁）。そうした戦略を維持するためには、生活レベルを日本統治時代に保持されていた平均的な生活状態に再構築することが不可欠であると、ワトキンス・ペーパーでも指摘している（ワトキンス文書刊行委員会―一九九四・一四頁）。

沖縄諮詢会の設置後、九月には「地方行政緊急処置要綱」を発表し、「組織的な地方行政の第一歩を踏み出した」のである（沖縄市町村長会編―一九五五・一五頁）。一九四五年九月二十日には本島および群島で市議会議員選挙、同月二十五日には市長の選挙が実施された。こうして統治機構の整備がすすめられ、一九四八年七月二十一日には、軍政府指令第二六号により「市町村制」が公布され、沖縄戦後の地方自治が整備されることとなった。

沖縄における戦後の行政は、「奄美大島、沖縄群島、宮古群島および八重山群島における知事および民政議員の選挙を行うべし」（軍政長官「琉球列島住民に告ぐ」一九五〇年七月三日）という宣言文が出されたように、戦後の行政は本島を中心とした沖縄群島と宮古群島、八重山群島はそれぞれが独立した行政区であった。したがって沖縄群島以外の石垣島、宮古島に関しては、それぞれの群島行政が独自に社会事業への取り組みをしていた現実があり、二つの島の独自の歩みの姿がある。

本章の課題

本章では、沖縄本島以外の群島のなかで孤児院設立と運営に住民と行政の努力があったことを歴史の事実として記録しておきたい。

第一に、「戦争マラリア」の犠牲者である子ども・住民の被害が増加したなかで、石垣島の救護院（孤児と孤老を収容）の設立経過について整理する。その経過は本島とはちがう戦争政策による犠牲者の増大であり、沖縄戦の非人間性をあらためて確認することができる。

第二に、宮古島でも孤児院の建設準備を行政がすすめてきた歴史があるが、それは実現されることなくとん挫し、幻の宮古孤児院となってしまった経緯がある。どうして孤児院建設が日の目をみなかったのか、設立計画の顛末については残された資料から推測するしかない状況となっている。

第三として、石垣島、宮古島での取り組みは、米軍の管理統制のなかで行われたという側面よりも、独自の行政区で具体化されたものである。沖縄における独自の孤児院政策がどのような現実を前に論議されたのかを分析してみたい。

関係者の聞き取りをする機会を求めて、石垣市教育委員会市史編集課、宮古島市教育委員会生涯学習振興課宮古島市史編さん室の担当者にもご尽力をいただいたが、当時の関係者に直接お話をうかがうことはできなかった。したがって本章は残存する史料などをつなぎ合わせてまとめるしかなかった。

2　戦争マラリアと石垣救護院の設置の経過

戦争マラリアの実態

沖縄戦後の石垣島においても孤児院建設の論議が持ちあがった。それは艦砲射撃などの攻撃はあったものの地上戦による被害が比較的少なかったが、〝戦争マラリア〟による犠牲者の多さという特殊な状況が背景にあった。戦争マラリアとは、第二次世界大戦での沖縄戦にともなってマラリア有病地（ヤキードゥクマ）に強制疎開をさせられた一般住民がマラリアに罹患した事態をいう。とくに石垣島、波照間島《はてるまじま》は集団罹患が発生したことによって多くの住民が犠牲

表10　八重山群島の人口とマラリア罹患状況

年度	群島人口	患者数	人口比（%）
1922	23,548	1,127	4.79
1942	35,273	930	2.63
1945	31,371	16,884	53.82

出典：『沖縄大百科事典（下巻）』535頁．数値の間違いがあったので修正．

牲になったのである。琉球王朝の時代からマラリアを多く発生する地域が石垣島、波照間島などであった（石原―一九九七・五〜八頁、友利―一九九七・九頁）。

マラリアとは、原生動物の住血胞子虫類に属するマラリア原虫によっておこる病気であり、主としてハマダラカによって媒介し、特有の周期的な熱発作・貧血・脾臓の腫れなどの症状を起こす病気である（沖縄大百科事典刊行事務局編―一九八三・五三四頁）。

沖縄本島周囲では激しい戦闘が行われたが、八重山諸島（石垣島、竹富島、小浜島《こはまじま》、黒島、新城島、西表島、由布島《ゆぶじま》、鳩間島《はとまじま》、波照間島の石西礁湖周辺の島々と、これらから西に離れた与那国島の合計一〇の有人島、および周辺の無人島からなる島嶼群）では米軍の上陸作戦は行われなかった。しかし空襲や艦砲射撃による攻撃は避けられない事態であった。住民の存在は戦闘では邪魔であるため、石垣島などの一部の地域で住民の疎開が日本軍によって強制的に行われたのである。軍命による強制避難（疎開）である。その疎開先がマラリアの発生する島々であった。

マラリア防遏《ぼうあつ》事業（侵入や拡大などを、防ぎとめる取り組み）の初期から太平洋戦争勃発に至る約二〇年間の罹患状況をみると、群島人口は一・五倍になっているものの、患者数はおおよそ一〇〇〇人程度、罹患率は約三〜五%の間を推移している（沖縄大百科事典刊行事務局編―一九八三・五三五頁）。それが太平洋戦争、沖縄戦に突入する段階で急激な増加を示している（表10参照）。

歴史的にみればこの地域はマラリアが多発してきたのだが、太平洋戦争に突入して沖縄戦に至る三年間で約二〇倍に増加するのは、明らかにこれらの島への強制的移住という戦争政策推進の結果である。

一九四五年四月頃、黒島、波照間、鳩間島の住民は軍命によって西表島に避難し、そのほかの島民は各地域の洞くつ、畑小屋などに避難していた。その後、竹富島民も西表島へ避難した。同年六月十日、駐屯日本軍の命令によって石垣島民は山岳地帯に避難させられることによってマラリア患者を大量に発生させることになった。石垣町営の火葬場は、火葬者があまりにも多いので、六月十五日には故障し使用不能となった。その後は露天（屋外）で火葬することになったが十分な対応ができなくなっていた（石垣市総務部市史編集室編―一九八九・四九～五〇頁）。

日本軍の退去命令によってマラリア有病地帯に強制的に移住させられたことによって、マラリアが爆発的にまん延し、当時の八重山群島住民三万一三七一人のうち、一万六八八四人（五三・八％）がマラリアに罹患して、三六四七人が死亡した。直接戦闘行為のなかった八重山地域における戦争犠牲者（空襲による犠牲者）は一〇三人であり、戦争マラリアによる死亡者は実に約二〇倍となっている。きわめて異常な実態が八重山群島にあった（石堂―一九九七・一四頁）。

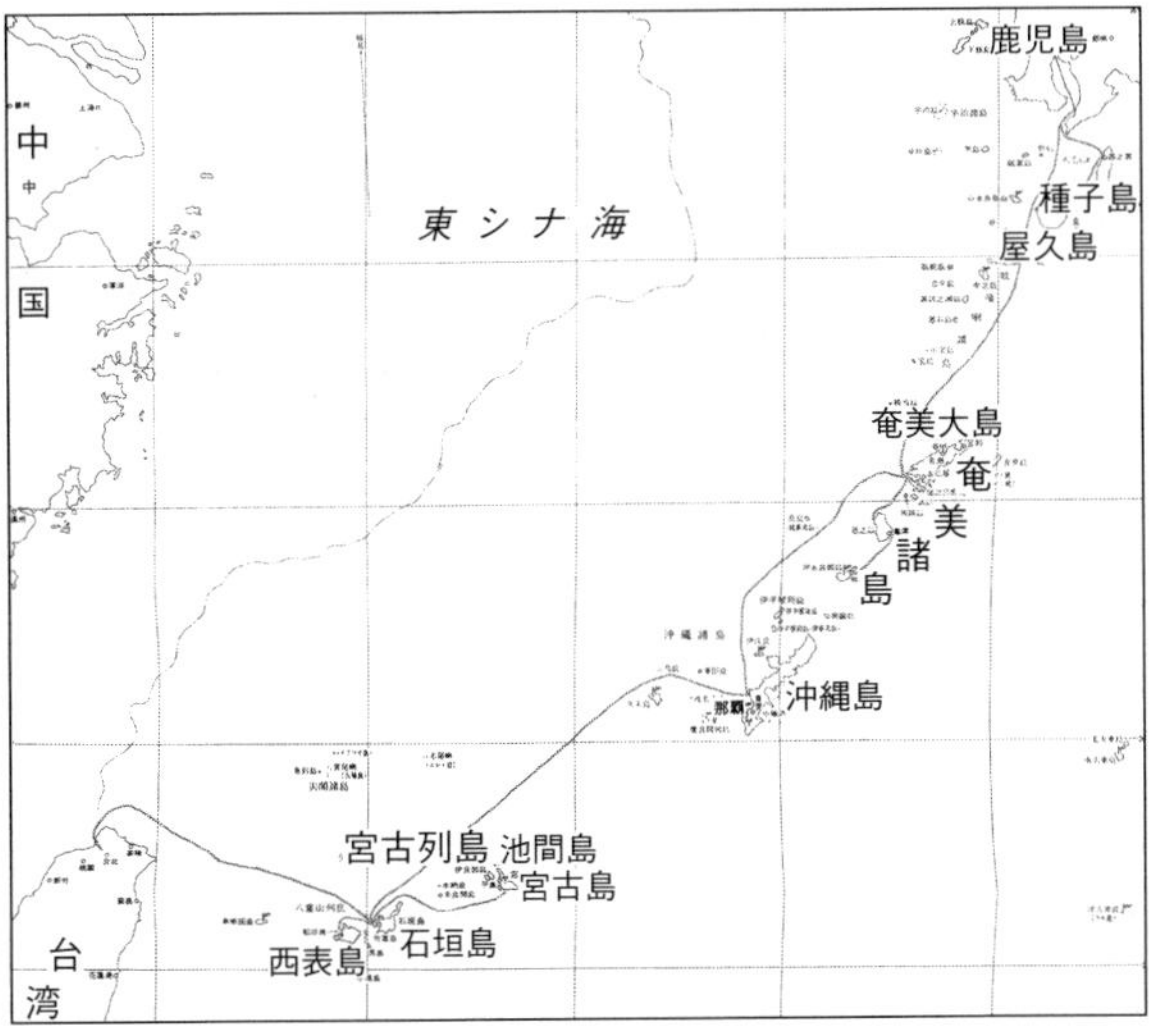

図19　南洋諸島全般図

年齢人口別にみる波照間島におけるマラリア死亡率をみると、一歳未満児五四・五％（二二人中一二人死亡）、未就学児四三・二％（二三六人中一〇二人死亡）と高い数値を示している。また六〇歳以上で七八・八％（一四六人中一一五人死亡）となっている（石原ゼミナール―一九八三・一六八頁）。乳幼児と高齢者の死亡率が高くなっている。

マラリアが多く発生する地域であることがわかっているにも

かかわらず強制疎開させられたことによって犠牲者を大量に生み出した、まさに戦争（軍隊）による強制集団死の一種であるということができる。

戦争中の栄養不良者の続出

石垣島、宮古島へは米軍は上陸せず地上戦はなかったが、一〇・一〇空襲（一九四四年十月十日に行われた那覇大空襲のことであり、沖縄戦の敗北を決定的にする一方的な攻撃であった）をはじめとした空襲や艦砲射撃は激しく行われた。農作業や漁業はまったく行うことができず、深刻な食糧難に見舞われたのだった。そこに住民六万人の宮古島に日本軍が三万人も駐留し、人口は膨れ上がっていた。飢餓とマラリアが宮古島を覆い尽くす状況となってきた。

宮古島のなかに次のような歌が刻まれた碑がある。

補充兵われも飢えつつ　餓死兵の骸焼きし宮古《しま》よ

高澤義人

沖縄本島の戦闘激化にともなって、一九四五年三月以降、空襲はいっそう激しくなり農耕はできなくなっていた。山岳地帯への避難によって農耕もできず食料の確保も不可能になってきた。配給は六月以降ほとんどなく、食糧や医療品が欠乏し、住民は飢餓線上を漂っていた。山間の湿地帯で栄養不良の住民をマラリアは次々となぎ倒していった。こうしたマラリアによる悲劇は六月以降には、山岳、森林、洞くつなどに起こって「早くも親に去られた、子を失った親、夫に先立たれた妻、妻に別れた夫が続々と現われ、筆舌に尽くせない生きながらの地獄そのものであった」（大田―一九八五・四〇～四四頁）といわれる。

マラリアの発生のすそ野には、栄養不足の慢性化という住民生活の状況がある。その実際の姿について以下のような記述がある。

四　戦争中における栄養不良者の続出

食料の一大不測のために、一九四四年三・四月頃から、栄養不良者が続出した。特に同年六月、住民が避難地に移住するようになって多くなり、顎骨《がくこつ》が隆起し、頰部は陥没し、前額部にしわが多く、頸部《けいぶ》と下肢《かし》は細くなっている人が多かった。又頭髪が脱落して、男女の区別のつかない者も少なくなかった。

これらの栄養不良者の実数は、不明であるが、一九四六年一月末において、石垣市凡《おおよ》そ三四三九名、大浜町凡そ二四七七名であった。しかも、大多数は、カイセンを患っていた（市制十周年記念誌編纂委員会編―一九五八・九六頁）

という状況があった。飢餓と栄養失調の状態がマラリアの拡大の引き金となっていた。

孤児の街石垣

栄養不足のまん延を背景にして、石垣島には大量の戦争マラリアが発生し、保護者を失った孤児が地域に多く発生した。

七、孤児の街石垣

戦時中、強制的にマラリア地帯へ避難を命じられた住民の中には、マラリアによる犠牲者が三六四七人も出て、機銃や爆弾、爆風などによる犠牲者（二〇三人）よりもはるかに上回った。

そのため、両親を失った孤児、子供を失った孤老、あるいは戦死のため夫を失った戦争未亡人などがはじめて八重山にも出現した。

天涯孤独になった孤児の数は、石垣町一〇九、大浜村五一、竹富村三八、計一九八人であった。

これらの孤児は、世の中が落ちつくにつれ、大方は親戚に引きとられたが最後に残った分は、石垣町では終戦の翌年一九四六年（昭・二十一）石垣町救護院を字石垣に設置して孤児一二人を収容し、別に孤老も合わせて救済にあたった（桃原―一九八六・八九頁）

各地域の孤児の数は以上のように記述されている。

救護院の担当者に関して以下のような記述があり、石垣町としての施策が行われていたことがわかる。

石垣町では一九四六年（昭・二十一）四月十五日、救護主任に宮良信知氏を任命し、字石垣の石垣英政氏宅に仮石垣町救護院を設け、養育係桃原太郎夫人を任命し養育にあたった（桃原―一九八六・一六六頁）

石垣英政氏は本島の嘉手納《かでな》農林高校の教師をされていた方である。その後、

八重山支庁では、衛生部の管轄に入れ『衛生部附八重山救護院』と改称し、場所は、衛生部庁舎の一角を充て、一九四六年（昭・二十一）七月一日から経営することになった（中略）一九四九年（昭・二十四）六月には、軍政府からコンセット一棟を譲りうけ、字登野城《とのしろ》外間永彭氏西隣りに建設、同年七月十五日、同所へ引越した。

救護院の経費は、一九四七年一月から一九五〇年まで、二一万七一三七円であった。

孤児は、宿所を転々している間に、盗癖、放浪、不潔の悪癖が身につき、童心をむしばまれていたが、指導者の限りない愛情により次第に善導され、勤労の習慣もつき、学校に通うようになった。

救護院では、特に、農事試験場の畑地二反歩ほど借り受け、人夫とともに働かせ勤労の習慣と自治の道を悟らせた（桃原―一九八六・一六七頁）

のである。救済とともに自立の課題への支援を視野に置いて運営がされている。

3 石垣救護院の設置と実践

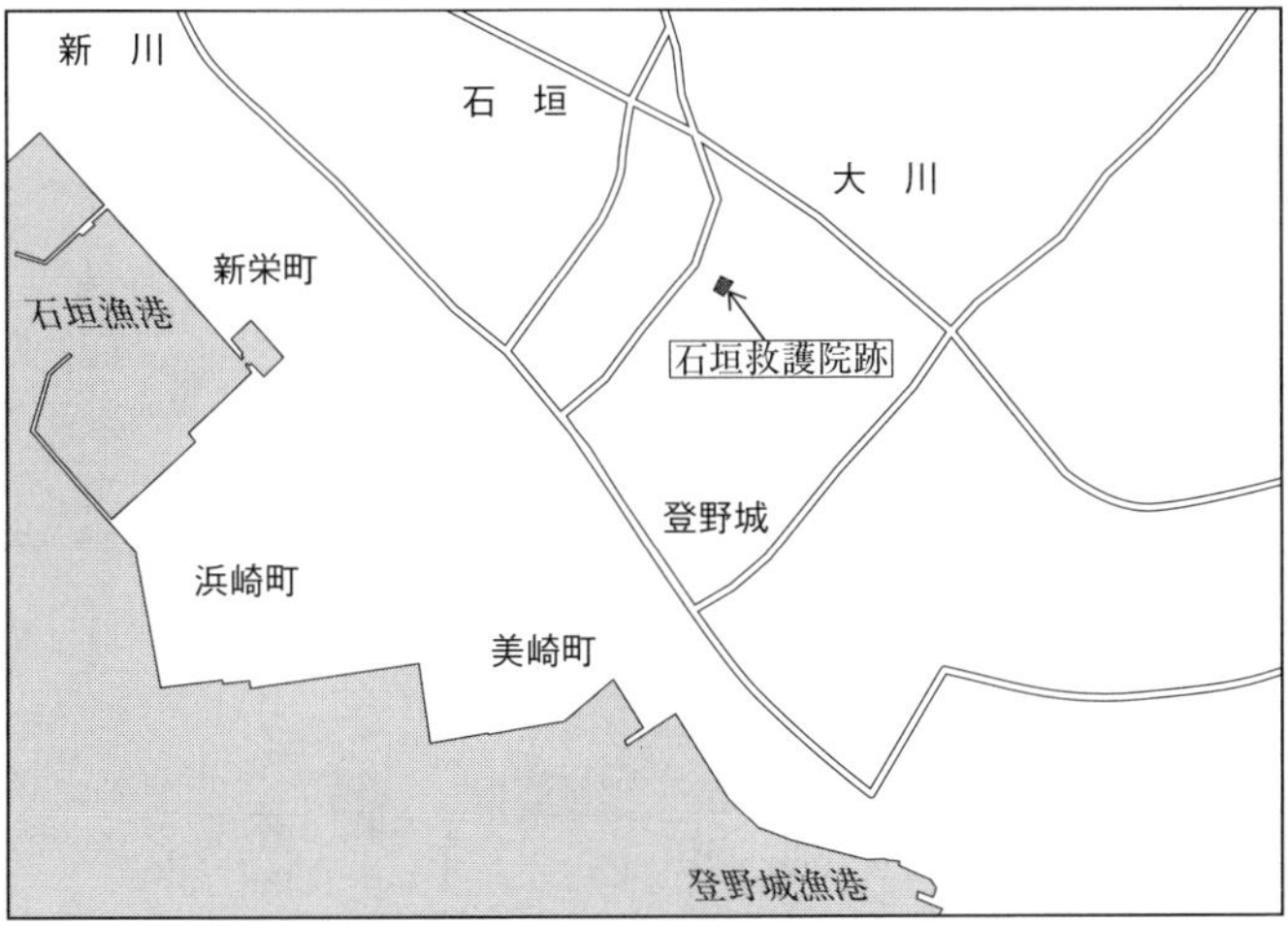

図20　石垣島の救護院の開設場所（1946年当時の所在地）

石垣（八重山）救護院の設置と養育実践

先にみたようにマラリアの流行によって八重山地域には一九八名の孤児が出現した。そのうち石垣市は一〇九人を占めている。「部落別には、登野城がもっとも多かった。これらの孤児の大多数は、縁故者によって扶養されていたが、石垣市における凡そ三〇名は、頼る者もなければ、扶養してくれる者もなく、又住むに家なくして、市内を徘徊して、食を探しもとめていた。是等の孤児は一九四六年より衛生部によって養育され、救護院の設置によって同院で保育されている」（市制十周年記念誌編纂委員会編―一九五八・九六頁）という状況であった。

一九四六年四月十五日　石垣町救護院が設置（図20）され、七月一日には八重山救護院と名称変更されたのである（石垣市史編集室編―一九八五・一九二頁）。名称の変更は、石垣だけでなく竹富町などの地域からの孤児・孤老を受け容れたことによるものと考える。

どのような実践が行われていたのかについて、救護院に従事していた亀川マハチさんの証言がある。少し長いが貴重な証言なので紹介しておこう。

救護院に就職

このように困っていたときに、政府に勤められておられたユフルヤー（おふろ屋）の冨村さんという方が訪ねてこられ、孤児などの世話をする救護院の面倒をみてくれないかといわれました。私は当時マラリアにかかっていましたので、自信はなかったのですが、やはり仕事をしないといけないので引き受けました。救護院というのは、登野城の養蚕室あとの隣の空き地にあったアメリカのカマボコ（コンセット）があてられていました。私たち家族にも宿舎として、その一室が与えられました。当時女の子たちは、みんなそれぞれ住み込みで、他所に働きに出ておりましたので、宿舎には私と下の子どもが住みました。（中略）

救護院は孤児ばかりと思ったら、身よりのない年寄りもいました。何人くらいいたかは、親類のものが引き取っていくこともあり、また次々と入ってくることもあって、出たり入ったりが多かったからです。それにしても子ども、年寄りは、それぞれいつも十人くらいはいたように覚えています。その二十名前後の孤児と年寄りの世話を全部ひとりで面倒みたんですよ。（中略）

当時は食べ物は不自由していましたが、私は子どもにはお腹をすかさせないように、食べるだけ食べさせました。そのことで上の人（上司）からおこられたこともありますが、だからこそ子どものなかから一人の病人も出さなかったと思います。

年寄りで苦労

しかし、私が一番苦労したのは孤児たちよりも年寄りの方でした。（中略）私はここで八人の年寄りの最後を見とどけましたから。（中略）三年か四年くらい、この仕事に就いていたと思います。給料は二〇〇円でした（亀川―一九八八・六二～六四頁）

救護院は孤児だけでなく、孤老も世話（ケア）していたのである。その数は総計二〇名程度であり、救護主任と世話係の職員によって運営していたということになる。

一方で八重山での子どもの状況と孤児への処遇に関して、以下のような行政記録もある。

九、其他　B、社会事業関係

1、マラリアのため家族全滅せるもの、一町村に一五、六戸あり、更に扶養者死に絶えて路頭に食を乞ひ軒下に寝る子供らを続出し全郡に於《ママ》ては之らの子ら百数十名と推測さる、現在石垣町に於ては八名の孤児を収容する私設的孤児院あれども、成績思わしからず家食なき幼児らの散在は悲惨事なり。

之を救済するは単に八重山郡のみの責任に非ずとし宮古郡よりも応援的義金の送付をなせるものの如し

（「先島群島行政　（三）先島の概況」〈一九四六年〉琉球政府文教局研究調査課編―一九五六・一三〇頁）

連帯的な救援基金活動が行われていたことが記録されている。

「私設的孤児院」として記述されており、公的な行政機能が十分回復されていないなかで、また米軍の管理統制が八重山などにまでおよんでいないなかでの運営であり、衛生部の管轄として位置づけられていたのである。実際の運営は「応援的義金」などによって補充されることでやりくりがなされていたのである。給料も現金で二〇〇円であり、一定の保障がなされていた。

なお「二、不具廃疾者（原文のママ）にして扶養者なき者の数八六〇名救済を要する人員一二三〇名、目下米軍よりの食糧を無料配給しつつある」（琉球政府文教局研究調査課編―一九五六・一三〇頁）とも報告されている。

石垣救護院の本土復帰までの歩み

戦後の孤児の数は、石垣町一〇九、大浜村五一、竹富村三八、与那国村なし、計一九八人であったが、大方は親戚などに引き取られ、最後に残ったのは、孤児一二、孤老三の計一五人であった。これを石垣町が引き取り世話することになった。

「石垣町救護院　年表」によれば、以下のような戦後の歩みがあった。

一九四六年（昭和二十一年）
四月十五日　仮石垣町救護院発足（字石垣の石垣英政氏宅に設ける）
救護主任に宮良信知氏を任命、養育係に桃原太郎氏夫人を任命し養育にあたる
七月一日　八重山救護院設置さる
「衛生部附八重山救護院」と改称
衛生部庁舎の一角を充てる

一九四七年（昭和二十二年）
一月二十九日　政府機構の改正で、教育厚生部厚生課の所管へ
衛生課の倉庫を利用し宿所とした

一九四九年（昭和二十四年）
六月　軍政府からコンセット一棟を譲りうけ、字登野城外間永彭氏西隣りに建築
七月二十五日　同所へ引越した
一九四七年一月〜一九五〇年で、運営費の総計は二一万七一三七円であった。

ちなみに本土復帰までの救護院の変遷は、「社会福祉法人沖縄県社会福祉事業団『八重山厚生園』沿革」（http://www.okinawa-jjp/yaeyama/yaeyama.html）によれば、以下の通りである。

一九四六年四月十五日　八重山救護院（石垣町）として発足

一九五二年四月一日　琉球政府創設、厚生局設置に伴い八重山厚生寮と称し、養護院として八重山民政事務所に移管される

一九五四年七月一日　生活保護法により養護院及び救護院の総合施設となる

一九六五年八月一日　八重山厚生園と称し、生活保護法の規定に基づく養護施設を併設した保護施設となる

一九六六年九月一日　老人福祉法の規則に基づく養護老人ホーム、特別養護老ホーム及び生活保護法の規定に基づく救護施設を併設した施設となる

一九七二年五月十五日　日本復帰に伴い沖縄県立社会福祉施設の設置及び管理に関する条例により沖縄県立八重山厚生園となる

このように石垣救護院は琉球政府の創設にともなって八重山厚生寮として引き継がれる。戦争マラリア対策としての孤児院機能は一九五四年に解消し、生活保護法に基づいた貧困対策としての養護院として引き継がれていく。戦後の孤児への応急対策としての石垣救護院はその歴史的役割を果たし、高齢者福祉施設へと発展的に継承されていく。歴史の一時期、石垣島において必要とさせた孤児院機能をつくりあげることに、民衆のエネルギーは注がれてきた。それとともに公的な制度として児童福祉の土壌が未成熟ななかで、孤児院機能は終焉した。

こうした状況をみると、沖縄戦後の児童福祉の制度が確立していないなかで、①行政の先見的な努力、②民間の犠牲的な努力、③米軍の支援という三位一体によって歴史的な局面が出現し、石垣救護院として結実したのである。だ

がそうした歴史状況は、沖縄における公的機能を軸とした社会福祉の成立を遅らせることとなったといえよう。

4　幻の「宮古孤児院」の経過

戦災による死者の増加

戦後の宮古島で、孤児院建設に向けての必死の論議と計画案があったが、建設直前になってとん挫し変更された経緯がある。宮古孤児院設立の構想は当時の住民にとっては、戦後復興の大いなる希望であった。宮古孤児院の設立に向けての論議の経過を新聞報道に即して紹介する。まずは、宮古島の戦災の状況について確認しよう。

一九四四年当時、宮古郡（当時）の人口約六万人のうち一万人は強制疎開をさせられ残った五万人の人口に加えて、一九四三年にはじまる日本軍の五回にわたる駐屯で総兵力は陸軍二万八〇〇〇人、海軍二〇〇〇人の計三万人の陸海軍人が宮古島にひしめいていた。一九四四年十二月までに宮古島守備部隊が次々と宮古島に入り、軍・民が島内にひしめき合っていた。非戦闘員は約一万人が台湾、九州へ強制疎開させられた。一九四五年になると、英国艦隊が宮古島に艦砲射撃を行い、平良《ひらら》町が空襲され大半が焼失することとなった。宮古島は島全体が平坦で起伏が少なく、航空基地として最適として判断されていた（「宮古島市の（旧平良市）における戦災の状況」『一般戦災ホームページ』〈http://www.soumu.go.jp/main_sosiki/daijinkanbou/sensai/situation/state/okinawa_02.html〉）。

山がなく飛行場が三ヵ所建設された宮古島は米軍・日本軍にとっても重要拠点であった。一九四五年四月には延べ六九五機、五月中に延べ二〇〇〇機余り、六月中に延べ一七七三機と、連日、猛爆撃が宮古島を襲った。無差別爆撃は非軍事施設まで砲火を浴びせ、平良の市街地をはじめ、農漁村の集落もことごとく焼失、破壊され、大方は廃墟と化したのである（宮古島市史編さん委員会編―二〇一二・三二二頁）。

表11にみるように、二〇一三年六月現在、糸満《いとまん》市の平和祈念公園内にある「平和の礎《いしじ》」に刻銘された方の人数は、県内では約一五万人、県外七万七〇〇〇人、米国一万四〇〇〇人を中心に、約二四万人となっている。県内市町村別の刻銘者数をみると、宮古市は三二七〇人となっている。ちなみに石垣市は四三九二人を数えている。なお陸軍の死者二四一九柱の大部分は、栄養失調とマラリアなどの病気によるもので、その割合はおおそよ九〇％となっている（宮古島市史編さん委員会編―二〇一二・三四五頁）。軍人においても直接的な戦闘の犠牲者は少なく、ほとんどは戦争遂行政策の結果による死亡者の状況である。

マラリアによる被害

石垣島と同じように、宮古島もマラリアの被害にさらされている。戦後の新聞報道でマラリアのまん延状況に関して書かれたのは、一九四六年七月七日の『みやこ新報』である。「悪性マラリア蔓延し、たおれる者続出す」と伝えている。また『宮古タイムス』には「袖山《そでやま》（部落名）に死の恐怖」の見出しで「マラリアとデング熱の悪《あく》疫猖獗《えきしょうけつ》（猛威をふるうこと）のため全戸四四戸は病魔に呻吟《しんぎん》し毎日し者が出る有様で現在までにすでに三〇余名の死者を出し、夫婦共死、子どもの連続死亡等目もあてられず」と記している。

『宮古タイムス』（一九四六年十一月六日付）では、「部落四一戸のうち罹病家三九戸、人口三六〇人中三五〇人（九七％）となり、引越戸数は富名腰《ふなこし》三一戸、腰原《こしばる》四戸、七原《ななはら》五戸、現在一戸を残すのみとなり、更に死亡状況

表11　「平和の礎」刻銘者数（2013年6月現在）

	出身地	刻銘者数
日本	沖縄県	149,291
	県外都道府県	77,364
外国	米国（U.S.A）	14,009
	英国（U.K）	82
	台湾	34
	朝鮮民主主義人民共和国	82
	大韓民国	365
合計		241,227

出典：沖縄県環境沖縄県生活部平和男女参画ホームページ（2013年8月4日）http://www.pref.okinawa.lg.jp/site/kankyo/heiwadanjo/heiwa/7623.html

は夫婦死亡七組、一家全滅一（五名）、孤児二名、夫婦家族別居一組、死亡数三八名を示し、その他引越し資金なきため家屋売却せる者一四・五戸、町有地三町九反、一戸当一反（反当三〇〇円）の割当土地も購入能力なく殆んど町に返却、家畜も全滅という惨憺たる事態」を伝えている。

マラリアだけでなく、天然痘が台湾引揚者によってもたらされた。さらに時を同じくしてデング熱もまん延した。翌年八月にはデング熱が急増し、推定五〇〇〇人が罹患している（沖縄県宮古島医療史編纂委員会―二〇一一・一二二頁）。戦争マラリアや天然痘、デング熱が爆発的に感染を広げたことで多くの死者が出ることになった。孤児が巷《ちまた》に溢れたことは新聞報道などでも確認できる。

その後、米国海軍の進駐と同時に軍政が施かれることとなった。九月十日にブッチャナン大佐一行が日本軍の武装解除の下検分のために宮古島に入り、「病気、衛生状態、飛行場、海上からの上陸地点を調査」している。九月二十四日には、海兵隊二〇〇〇人が進駐し、武装解除に当たり、十月六日に完了している（「下地かおる日記抄」沖縄県教育委員会編―一九七四・二三二頁）。

日本国民の三一〇万人、アジア太平洋諸地域ではおよそ二〇〇〇万人の犠牲者を数えた太平洋戦争は終わった。日本国憲法前文では、その反省に立って「政府の行為によつて再び戦争の惨禍が起こることのないやうにすることを決意し、ここに主権が国民に存することを宣言し、この憲法を確定する」と謳っている。こうした決意にたって、戦争の犠牲になった戦災孤児への児童福祉施策が出発することになった。

宮古島における孤児院設立の動き

実際の宮古群島の状況は「長い間の戦塵は収《ママ》ったが国家というものの保護が取り去られ、われわれはお互《ママ》の力で生きていかねばならず、当時は全く混沌として文字通り太平洋の孤島となっていた」（琉球政府文教局研究調査課編―一九五九a〈復刻版一九八八〉・一八九頁）のが実状であった。

こうした状況のなかで宮古支庁は独自に戦災孤児に対する救済のために孤児院を設立する計画を検討していた。その計画は開設場所、建物、職員の配置、入所児童の対象年齢および予算などを明示した具体的な内容となっている。その点でいえば、本格的に開設の準備をしていたということができる。

新聞記事を紹介しながら、その進行過程をみていきたい。

宮古孤児院近く誕生　支庁教学課で計画

戦争後戦災、病気等のため両親を失い平和境宮古にも食なく家なき孤児が増加し民家をうろつき廻って食を求め哀れな姿を街頭にさらしているものが多いので、支庁教学課では社会事業の一環として之等哀れな孤児を救済するため孤児院を設立することになっている。即ち場所としては元宮古神社境内が選ばれ応急対策としてコンセット（米軍蒲ぼこ型兵舎）を建て、行く行くは十坪程の木造茅葺とし世話係二名を置いて孤児の親たらしめ四才から十五才までの孤児全員を収容することになり該当者を各市町村宛照会中である。

尚経費は支庁予算社会事業費並に一般篤志家の寄付を仰いで之に充当することになっている（『みやこ新報』一九四六年八月二十一日）。

沖縄戦終結の一年二ヵ月後の時期の記事であり、おそらくこれが孤児院設立の動向を紹介したはじめての記事であろう。

以下、他の新聞記事より孤児院関係の記事を拾ってみよう。

孤児帰る

八重山在住の宮古孤児救済に出張中の池村一男属は昨日の銀安丸で孤児三名をつれて帰郷した。八重山に於ける孤児達は殆ど八重山に救われ引きとられて居り、結局三名が帰ったものである。池村属は語る。

最初路頭に迷っていた孤児たちは八重山の篤志家の情で養育され今は幸福に生活している。宮古へひきとるべく交渉したが却って八重山に居たいという孤児たちの気持ちもくんで結局三名をひきとってきたわけである（『宮古タイムス』一九四六年九月二日）。

『宮古タイムス』には宮古島の孤児が石垣島の「篤志家」のもとで救護されているが、それが石垣救護院の前身であるかどうかは確認できない。いずれにしても宮古島の孤児救済を自前で対応することは行政の課題になっていたのである。

宮古支庁の社会事業委員会は一名につき一日五円以内の生活扶助費を支弁することを決めている。公的な扶助費が孤児院にも適用される予定で決定されたものと思われる。

孤児の生活保護一日五円以内補助

社会事業委員会は本誌既報の通り昨日午後二時平二校に於いて開催、当局提出の事業案を中心にして種々検討が加えられたが、差し当たり孤児孤老の生活救護を重点にして一人一日三円乃至五円の生活扶助をすることを決定（『みやこ新報』一九四六年十一月三日）。

一九四七年二月には新年度に向けて、軍政府に対して申請することとなった。具体的に設立計画はすすめられている。

救護院を新設　軍政府へ補助申請

戦争は完全に恐怖以外の何物でもなかった。就中《なかんずく》空襲や悪疫のために父子妻子兄弟を失って孤児となりこ（孤）老となり寡婦となってその日の生活に喘《あえ》いでいる人々の多いことは又悲惨の極みであるので支庁厚生課ではこれ等の人々に暖かいほ《保》護の下にこ《孤》児を養育しこ《孤》老のさびしい生活に光明を与へるため救護院を新設する計画を樹立之が補助方に軍政府へ申請することになった（『みやこ新報』一九四七年二月十五日）。

この時期にはすでに孤児院単独ではなく、孤老も含めて対応する孤児院・養老院合同施設である救護院構想に変化している。石垣島救護院の影響もあろうが、孤児・孤老のそれぞれの施設を設立するほどの財政的な余裕もなかったのである。そしてこの構想は軍政府の認可も取っている。したがって設立まであと一歩の段階にまで来ていることがわかる。

慈善病院や厚生院の設置

厚生並に衛生方面ではこ《孤》児院養老院を一つにした厚生院の費用が百二十万円認可済みでありレプラ患者（ハンセン病患者—浅井）の根絶をきするための南静園の整備拡充費一千二百万円も軍政ふ衛生将校メロン殿の話によれば沖縄軍政府では既に認可になっているとのことであるから之が実現も遠くはない（『みやこ新報』一九四七年六月五日）。

この記事では、孤児と孤老の収容施設としての「厚生院構想」が明確に打ち出されている。

この記事の一年半後の一九四八年十二月の記事では、孤児院の記述は消えて、託児所と厚生院の設立計画になっている。むしろこの時期になると、勤労世帯への支援を中心とした託児所が行政課題となっているのである。おそらく託児所設立の提起は、一九四七年二月二十日に制定された「託児所規則」（沖縄民政府令第一号）と本土の児童福祉法が一九四七年十二月に制定されたことが影響しているであろう。一九四九年には、平良託児所が開設されている（おきなわ・保育の歴史研究会編—二〇一三・四七頁）。

このような託児所設立への政策の転換の社会的背景として、沖縄県社会福祉協議会企画室長であった当山全一の発言にあるように「戦争で破壊された生活や郷土復興に資するため男女ともに労働に従事することが必要であった」（神山―一九九八・九三頁）という点をあげることができる。

戦後の応急処理的な施策から抜け出しつつある時代状況のもとでの施策の変更であるといえよう。施策の重点は託児所と養老院の建設に置かれており、孤児院の建設は幻となったのである。

> 山積する厚生事業　懸命に計劃《画》する厚生部
>
> 民政府厚生部は公衆えい《衛》生部と合併してき構改革して一旬盛沢山な厚生じ《事》業に大童な活動をなしているがゲスリンゲ赴任の御声がかりの結かく《核》療養所も元無線電信所を修繕して開所することになり既に計画もできて郡会のせう《承》認を得て早急実現することになっているが患者三十名は収容可能で患者に福音をもたらしている。
>
> なほ託児所の設置、厚生院の新設等大事業は厚生部長の綿密な頭脳と周到な計画により着々薦められておりこう《厚》生事業完遂も遠くないと見られている（『みやこ新報』一九四八年十二月十日）。

行政施策の柱は明確に方針化されている。

一九四九年に入ると、託児所と養老院の建設が具体化されてくる。託児所は宮古群島に三ヵ所設立されることになる。二名の職員配置を行うことは孤児院での配置数であり、複数職員配置を基本にして託児所も運営されることになっている。婦人会組織が運営を担うことになっている。

「養老院設立　慈善事業　本日より於太平劇場」という見出しで、「文教部では養老院設立のためじ《慈》善興業」を行っていることを紹介している（『みやこ新報』一九四九年一月十三日）。

> 託児所開所式　一昨日盛大に挙行
>
> 家事や職業等で忙しいため育児の保健衛生、養護に専念する余か《暇》なき家庭の為民政府厚生部に於いて託児所を

計画すでに池間に於いては開所大いに喜ばれているか《ママ》市内北部南部にも開所することになり一昨十五日午前十時より北部は宮古神社に南部は祥雲寺に開所式が盛大に挙行された

池間の託児所を見る　S記者

（前略）この託児所は二人の保ぼ《母》をおいて三〇人のたく《託》児を収容しふ《婦》人会自身が経営に当るとのことである（『みやこ新報』一九四九年一月十六日）。

託児所は現実のものとなり、地域における保護者の労働権保障と子どもの生活保障の取り組みの第一歩をすすめている。

以上のように、時代状況の変化に即して、戦後直後の孤児院設立の政策は託児所と養老院へと、その重点が変更されてきたことを確認することができる。

孤児院設立計画から託児所・養老院の設立へ

重複することになるが孤児院の設立計画が新聞報道でなされてから、その計画が変更するまでの経過は以下の通りである。

一九四六年八月　宮古孤児院の設立を計画（設置場所、建物、対象児童の照会など）。

九月　石垣島から宮古島に孤児を三名引き揚げてくる。

一九四七年二月　孤児院開設をアメリカ軍政府に申請。

六月　孤児・孤老への対応を行う救護院構想がアメリカ軍政府によって認可されている。

一九四八年十二月　孤児院建設の検討は消え、その代わりに託児所の設置および厚生院の新設が具体的な課題として明示されており、施策の変更が行われていることがわかる。

一九四九年一月　文教部で養老院設立のために慈善事業が行われる。

一月　民政府の管轄のもとで託児所の開設が行われる。孤児院について記事のなかでその後触れられることはない。

一九五四年七月一日　生活保護法により養護院および救護院の総合施設となる。これは一九五三年十月に琉球政府児童福祉法が制定実施されたことによって、救護院は生活保護法（一九五三年十月に立法五五号として成立）が根拠法となり、その後、老人福祉法（本土に遅れること三年、一九六六年九月制定・施行）によって特別養護老人ホームとして位置づけられることになる。

こうして宮古孤児院の設立計画は二年半の歳月をかけて、住民と行政によって検討されたが、時代状況の変化のなかで戦後の応急対策である孤児対策から、一般児童施策である保育問題へと施策の力点が変更されることになった。そうした変更の理由に関する公的な文書は見当たらないが、①孤児が就職し自立していく年齢になってきたこと、②篤志家などに引き取られていったこと、③孤児の救済が必要になれば、最終的に沖縄本島の孤児院を利用することが可能であることなどが考えられる。沖縄本島においても一九四九年には各地の孤児院が一ヵ所に統合されており、宮古島においても戦後の応急的な対策としての孤児院政策は後衛に退くことになった。なお、一九五七年八月には社会局組織規制により宮古更生寮として設置され、翌年九月に宮古更生寮として設置認可されることになる（社会福祉法人沖縄県社会福祉事業団ホームページ〈http://www.okinawa-j.jp/miyako/miyako.html〉）。

一九五〇年八月四日公布の米国軍政府布令第二二号「群島政府組織法（The Law Concerning the Organization of the Gunto Governments）」に基づいて「奄美群島」（奄美大島が中心）、「沖縄群島」（沖縄本島）、「宮古群島」（宮古島が中心）、「八重山群島」（石垣島、竹富島が中心）の四群島に区分され、それぞれが自治行政としての機能を果たしていくことになった。知事公選制や住民の直接請求権など本土の「地方自治法」（一九四七年）に準拠した制度で行政運営がなされていたが、一九五二年四月一日に琉球政府の発足により、各群島政府の機能は琉球政府に吸収されることになる。

米軍政府および琉球政府では、児童養護施設の開設はほとんどすすめられることなく、結局は本土復帰直前の一九七二年三月に張水学園《はりみず》（入所定員＝養護児二〇人、知的障害児二〇人、知的障害児通園児三〇人）として創設されるまで、宮古群島には児童養護施設は開設されないまま推移した。

こうして戦後すぐの孤児院設立構想は幻となってしまった。しかし孤児の出現に対する行政と住民の誠実な努力は歴史の良心として記録に残されるべき事実である。孤児院設立の真摯な検討があったからこそ児童福祉の重点課題としての託児所の設置が現実のものとなったということもできる。また遅れてではあるが、福祉問題を住民の課題として受けとめ論議してきたからこそ生活保護法による施設および高齢者福祉施設が開設されることとなったのである。

まとめにかえて

宮古孤児院設立のうねりに関して、一九四八年十二月の新聞記事を通して孤児院開設から託児所設置に大きく施策が転換されたことはすでに述べた。その社会的背景にはいくつかのことが考えられる。

第一に、〝戦災孤児〟問題は行政の優先課題ではなくなってきたことがある。社会的背景としては、「託児所規則」（一〇条で構成）の第一条「託児所ハ住民ノ労務効率増進ニ資スルト共ニ幼児ノ保護保健ヲ図ルヲ以テ目的トス」（「沖縄民政府広報」一九四七年二月二十日）に示されているように、共働きでなければ暮らしていけない時代状況があり、沖縄戦後の二年半余りが経過したなかで、社会的な復興と安定に向けて時代の変化が大きな影響を与えたのである。

第二に、いわゆる「戦争マラリア孤児」が沖縄本島などの親類に引き取られていくなかで、戦災孤児問題は徐々に〝解消〟されていった（具志堅―一九九七・一七四頁）。とくに宮古島においては孤児対策としての孤児院機能は島内で整備されることはなかったのである。

第三として、本島の孤児院などにおいても家族や親族などによって引き取られていくなかで、一九四七年一月には一一施設を四施設に統合し、四九年十一月までには一ヵ所に統合していた（琉球政府文教局研究調査課編―一九五九b・五〇頁）。こうして戦災孤児問題は社会的課題から遮断され囲い込まれてしまったという側面がある。

本島においてもそうであるが、米軍は孤児対策に関しては積極的な施策はほとんど打っていない。そもそもニミッツ布告の本質は、日本の法規を停止させるが米軍の占領政策に支障がない限りは日本法を継続して適用するというものであった。とくに石垣島や宮古島での「戦争マラリア」によって生み出された孤児対策には、米軍はきわめて消極的であった。その結果、石垣島における救護院の設立、宮古孤児院設立への努力はほとんど地元の支庁と篤志家に委ねられることになっていた。

各種の資料から判断すると、戦時から戦後にかけて米軍による「ウィラープラン」（台湾でのマラリア対策の経験を持つウィラー博士の指導による）により一九五〇年代後期のマラリア対策は一定の効果をあげたと評価することもできるが（中野―二〇〇五・一三七〜一三八頁）、「もっとも、宮古・八重山の両群島は米軍の計画当初から『外郭の島々（the outlying islands）』として位置づけられており、占領政策の出発に際し対住民政策＝軍政は考慮されていなかった。それだけに、戦後沖縄本島の住民が享受できた各種の援助は、該地では全く受けることが出来なかった。とりわけマラリアに罹患した多くの島民は、病気と飢餓に苛まれ、孤立無援のなかに生命を失ってしまった」（保坂―一九九二・一一〜一三頁）のである。

沖縄は、本土防衛のための捨て石であったが、石垣島・宮古島に代表される周辺の島々と島民は戦争遂行政策のなかで、二重に捨て石として踏みにじられた存在であった。そのなかで民衆レベルから孤児の救済と孤児院建設が取り組まれたことが、行政の福祉に関する責任をあいまいにしてきたことも否定できない。戦後の児童福祉・社会福祉の前進を拒んできた社会的歴史的背景を今後検討してみたいと考えている。

参考文献

字誌編集委員会編『田井等誌』名護市字田井等、二〇〇八年
アーノルド・G・フィッシュ二世（宮里政玄訳）『沖縄県史　資料編一四　琉球列島の軍政　一九四五―一九五〇　現代二（和訳編）』沖縄県教育委員会、二〇〇二年
新崎盛暉『戦後沖縄史』日本評論社、一九七六年
新崎盛暉監修『復刻版　占領期・琉球諸島新聞集成』（第一巻～第三巻）不二出版、二〇〇七年
石井洗二代表『沖縄の社会福祉に関する歴史的研究』四国学院大学社会福祉学部・石井研究室、二〇〇五年
石垣市史編集室編『市民の戦時・戦後体験記録　第三集（戦時・戦後略年表）』石垣市役所、一九八五年
石垣市史編集室編『市民の戦時・戦後体験記録』（第一～四集）石垣市役所、一九八三～一九八八年
石垣市総務部市史編集室編『石垣市史　資料編近代三　マラリア資料集成』石垣市役所、一九八九年
石堂徳一「戦争マラリアの自主ビデオ制作に関わって」八重山戦争マラリア犠牲者追悼平和祈念誌編集委員会編『悲しみをのり越えて』沖縄県生活福祉部援護課、一九九七年
石原　俊『〈群島〉の歴史社会学』弘文堂、二〇一三年
石原ゼミナール・戦争体験記録研究会著、石原昌家監修『もうひとつの沖縄戦―マラリア地獄の波照間島―』ひるぎ社、一九八三年
石原昌家『郷友会社会―都市のなかのムラ―』ひるぎ社、一九八六年
石原昌家「沖縄戦」藤原彰・今井清一編『十五年戦争史三　太平洋戦争』青木書店、一九八九年

石原昌家「波照間島の戦争マラリア調査と若者たち」八重山戦争マラリア犠牲者追悼平和祈念誌編集委員会『悲しみをのり越えて』沖縄県生活福祉部援護課、一九九七年
石原昌家「戦中・戦後沖縄の歴史体験と歴史認識」三谷博・金泰昌編『東アジア歴史対話―国教と世代を超えて―』東京大学出版会、二〇〇七年
石原昌家「沖縄戦と米軍占領のオーラルヒストリー―証言をどう読み取るか―」『歴史と民俗』二九号、神奈川大学日本常民文化研究所、二〇一三年三月
石原昌家監修『大学生の沖縄戦記録』ひるぎ社、一九八五年
石原昌家編『ピース・ナウ沖縄戦―無戦平和のための再定位―』法律文化社、二〇一一年
石原昌家・仲地博・C・ダグラス・ラミス編『オキナワを平和学する!』法律文化社、二〇〇五年
石弘之・石紀美子『鉄条網の歴史』洋泉社、二〇一三年
糸満市史編集委員会編『糸満市史　資料編七　戦時資料　上巻』糸満市役所、二〇〇三年
稲福マサ「孤児と過した日々」青春を語る会編『沖縄戦の全女子学徒隊―次世代に遺すもの それは平和―』フォレスト、二〇〇六年
井波妙子「サイパン島ススッペ収容所について」『具志川市史だより』第一五号、二〇〇〇年
今村元義・高良倉成「琉球政府設立以前の沖縄行財政の状況」『琉球大学教育学部紀要』第一部第二三集、一九七九年一一月
岩波書店編『記録・沖縄「集団自決」裁判』岩波書店、二〇〇二年
ウィリアム・H・スチュアート『サイパン燃ゆ』サイパン・アメリカ記念資料館、一九九四年
上原正稔訳編『沖縄戦　アメリカ軍戦時記録』三一書房、一九八六年
浦崎成子「沖縄戦と軍『慰安婦』」VAWW-NETJAPAN編『「慰安婦」戦時性暴力の実態Ⅰ』緑風出版、二〇〇〇年
大城一男編『昭和五二年版　沖縄　人物一万人』オキナワ・アド・タイムス、一九七七年
大田静男『八重山戦後史』ひるぎ社、一九八五年

大田昌秀『沖縄のこころ—沖縄戦と私—』岩波新書、一九七二年
太田昌秀『戦争と平和』日本社会党中央本部機関紙局、一九八二年
大田昌秀『沖縄戦とは何か』久米書房、一九八五年
大田昌秀『沖縄の挑戦』恒文社、一九九〇年
大田昌秀『写真記録　人間が人間でなくなるとき』沖縄タイムス社、一九九一年
大田昌秀『沖縄、基地なき島への道標』集英社新書、二〇〇〇年大田昌秀『沖縄の決断』朝日新聞社、二〇〇〇年
大田昌秀『血であがなったもの』那覇出版社、二〇〇〇年
大田昌秀『有事法制は、怖い 沖縄戦が語るその実態』琉球新報社、二〇〇二年
大田昌秀『沖縄戦下の米日心理作戦』岩波書店、二〇〇四年
大田昌秀『死者たちは、いまだ眠れず『慰霊』の意味を問う』新泉社、二〇〇六年
大田昌秀『沖縄戦を生きた子どもたち』クリエイティブ二一、二〇〇七年
大田昌秀『沖縄の『慰霊の塔』沖縄戦の教訓と慰霊』那覇出版社、二〇〇七年
大田昌秀『こんな沖縄に誰がした 普天間移設問題—最善・最短の解決策』同時代社、二〇一〇年
大田昌秀『二人の『少女』の物語 沖縄戦の子どもたち』新星出版、二〇一一年
大田昌秀・外間守善共編『沖縄健児隊』日本出版協同、一九五三年
大田昌秀編著『これが沖縄戦だ 写真記録』琉球新報社（のち那覇出版社）、一九七七年
大田昌秀編著『総史沖縄戦 写真記録』岩波書店、一九八二年
太田良博・佐久田繁編著『沖縄の遊廓—新聞資料集成—』月刊沖縄社、一九八四年
大野　俊『観光コースでない　グアム・サイパン』高文研、二〇〇一年
小川　忠『戦後米国の沖縄文化戦略』岩波書店、二〇一二年
沖縄朝日新聞社編（西銘順治編集代表）『沖縄大観』日本通信社、一九五三年（復刻版、月刊沖縄社、一九八六年）

沖縄群島政府社会事業課編『沖縄群島社会事業概観　第四巻』同、一九五一年
沖縄県『児童福祉法制定五〇周年記念　戦後沖縄児童福祉史』沖縄県生活福祉部、一九九八年
沖縄県沖縄史料編集所編『沖縄県史料　戦後一　沖縄諮詢会記録』沖縄県教育委員会、一九八六年
沖縄県宜野湾市教育委員会文化課編『宜野湾　戦後のはじまり』同、二〇〇九年
沖縄県教育委員会編『沖縄県史　第一〇巻　各論編九　沖縄戦記録二』同、一九七四年
沖縄県教育委員会編『沖縄県史　第一巻　通史』同、一九七六年
沖縄県社会福祉協議会編『沖社協三十年の歩み』同、一九八一年
沖縄県生活福祉部編『戦後沖縄児童福祉史』同、一九九八年
沖縄県文化振興会公文書館管理部史料編集室編『沖縄県史　資料編九　Military　Government　Activites　Reports　現代一（原文編）』沖縄県教育委員会、二〇〇〇年
沖縄県文化振興会公文書館管理部史料編集室編『沖縄県史　資料編一二　アイスバーグ作戦　沖縄戦五（和訳編）』沖縄県教育委員会、二〇〇一年
沖縄県文化振興会公文書館管理部史料編集室編『沖縄県史　資料編一四　琉球列島の軍政　一九四五〜一九五〇（和訳編）　現代二』沖縄県教育委員会、二〇〇二年
沖縄県文化振興会公文書館管理部史料編集室編『沖縄県史　資料編一七　旧南洋群島関係資料近代五』沖縄県教育委員会、二〇〇三年a
沖縄県文化振興会公文書館管理部史料編集室編『沖縄県史料　沖縄民政府記録一　影印本（上）』沖縄県教育委員会、二〇〇三年b
沖縄県文化振興会公文書館管理部史料編纂室編『沖縄県史　資料編一八　キャンプスッペ（和訳編）現代三　サイパンにおける軍政府の作戦の写真記録』沖縄県教育委員会、二〇〇四年
沖縄県文化振興会公文書館管理部史料編集室編『沖縄県史　資料編二〇　軍政活動報告（和訳）現代四』沖縄県教育委員会、

二〇〇五年
沖縄県文化振興会公文書館管理部史料編集室編『沖縄県史研究叢書一六　琉球列島の占領に関する報告書（原文・和訳）』沖縄県教育委員会、二〇〇六年
沖縄県宮古島医療史編纂委員会『沖縄県宮古島医療史』社団法人宮古地区医師会、二〇一一年
沖縄県立石嶺児童園『創立五〇周年記念誌』同、二〇〇八年
沖縄県立図書館史料編集室編『沖縄県史料　戦後一　沖縄民政府記録一』沖縄県教育委員会、一九八八年
沖縄県立図書館資料編集室編『沖縄県史料　戦後三　沖縄民政府記録二』沖縄県教育委員会、一九九〇年
沖縄市総務部総務課編『二一歳のアメリカ将校がみた終戦直後の沖縄』沖縄市、二〇〇五年
沖縄史を記録する会『沖縄民衆史を歩く』第三号、同、一九八二年九月
沖縄市町村長会編『地方自治七周年記念誌』同、一九五五年
沖縄大百科事典刊行事務局編『沖縄大百科事典』沖縄タイムス社、一九八三年
おきなわ・保育の歴史研究会編『沖縄保育の歩み』同、二〇一三年
沖縄民政府『沖縄便覧』沖縄民政府社会部情報課、一九五〇年
沖縄民政府総務部調査課編『沖縄民政要覧』同、一九四六年
賀数かつ子「『沖縄県の慰安所マップ』を作成して」洪ユン伸編『戦場の宮古島と『慰安所』―日韓共同『日本軍慰安所』宮古島調査報告―』なんよう文庫、二〇〇九年
我喜屋良一『沖縄における社会福祉の形成と展開』沖縄県社会福祉協議会、一九九四年
ガバン・マコーマック・乗松聡子『沖縄の〈怒り〉』法律文化社、二〇一三年
亀川マハチ「救護院で孤児やお年寄りの世話」石垣市史編集室編『市民の戦時・戦後体験記録　第四集』石垣市、一九八八年
川平成雄「収容所の中の住民と生活の息吹」『琉球大学経済研究』七六号、二〇〇八年九月
川平成雄『沖縄　空白の一年』吉川弘文館、二〇一一年

川平成雄『沖縄占領下を生き抜く』吉川弘文館、二〇一二年
神山洋子「保育事業」『戦後沖縄児童福祉史』沖縄県生活福祉部、一九九八年
川田文子『赤瓦の家―朝鮮から来た従軍慰安婦―』筑摩書房、一九八七年
川田文子『イアンフとよばれた戦場の少女』高文研、二〇〇五年
川満　彰「沖縄本島における米軍占領下初の学校『高江洲小学校』」『地域研究』七号、沖縄大学地域研究所、二〇一〇年三月
川満　彰「陸軍中野学校と沖縄戦（下）」『季刊戦争責任研究』第八〇号、二〇一三年夏期号
記念事業期成会編集部編『那覇市立真和志中学校　創立五〇周年記念誌　てぃんがぁら』同、一九九九年
金一勉編著『戦争と人間の記録・軍隊慰安婦』現代史出版会、一九七七年
近現代史編纂会編『詳説図解　サイパンの戦い―『大場栄大尉』を読み解く―』山川出版社、二〇一一年
具志川市史編さん委員会編『具志川市史　第五巻　戦争編戦時記録』具志川市教育委員会、二〇〇五年
具志川市史編さん室編『写真集　南洋群島の製糖とくらし―沖山策写真アルバムより―』具志川市教育委員会、二〇〇二年
具志堅全弘「『戦争マラリアの暴風』生き残り記」八重山戦争マラリア犠牲者追悼平和祈念誌編集委員会編『悲しみをのり越えて』沖縄県生活福祉部援護課、一九九七年
久保亨・瀬畑源『国家と秘密―隠される公文書―』集英社、二〇一四年
幸地　務『沖縄の児童福祉の歩み』私家版、一九七五年
河野　仁『〈玉砕〉の軍隊、〈生還〉の軍隊―日米兵士が見た太平洋戦争―』講談社、二〇一三年
洪ユン伸「沖縄戦と朝鮮人『慰安婦』」洪ユン伸編『戦場の宮古島と『慰安所』―日韓共同『日本軍慰安所』宮古島調査報告―』なんよう文庫、二〇〇九年
古賀徳子「ひめゆり研究ノート③　コザ孤児院とコザ第四小学校」『ひめゆり平和祈念資料館だより』二〇一〇年十一月三十日号
コザ市編『コザ市史』同、一九七四年

小西　誠『サイパン&テニアン戦跡完全ガイド―玉砕と自決の島を歩く―』社会批評社、二〇一一年
琴秉洞編『戦場日誌にみる従軍慰安婦極秘資料集』緑蔭書房、一九九二年
ゴードン・ワーナー『戦後の沖縄教育史』日本文化科学社、一九七二年
サイパン会誌編集委員会編『サイパン会誌―思い出のサイパン―』サイパン会、一九八六年
サイパン会誌編集委員会編『サイパン会誌―心の故郷サイパン―』サイパン会、一九九四年
サイパン会誌編集委員会『創立二〇周年　サイパン会誌』サイパン会、二〇〇三年
崎原久編『琉球人事興信録』沖縄出版社、一九五〇年
佐々木末子「《調査ノート》サイパン孤児院―山田良子、嶋峯一・藤子夫妻の体験を通して―」『具志川市史だより』第一六号、二〇〇一年
佐藤多津『サイパンの戦火に生きて』自費出版図書館、一九九六年
座覇律子「孤児院でのこと」字誌編集委員会編『田井等誌』名護市田井等、二〇〇八年
座間味村史編集委員会編『座間味村史　上巻　自然・歴史・産業』座間味村役場、一九八九年
志位和夫「歴史の偽造は許されない―『河野談話』と日本軍『慰安婦』問題の真実―」『しんぶん赤旗』二〇一四年三月一四日
市制十周年記念誌編纂委員会編『市制十周年記念誌（石垣市）』内外印刷、一九五八年
下嶋哲朗『非業の生者たち―集団自決　サイパンから満州へ―』岩波書店、二〇一二年
謝花直美『戦場の童―沖縄戦の孤児たち―』沖縄タイムス、二〇〇五年
女性たちの戦争と平和資料館編『軍隊は女性を守らない―沖縄の日本軍慰安所と米軍の性暴力―』同、二〇一二年
末吉重人『近世・近代沖縄の社会事業史』榕樹書林、二〇〇四年
菅野静子『新版　戦火とその島に生きる―太平洋線・サンパン島全滅の記録―』偕成社文庫、二〇一三年
鈴木裕子・山下英愛・外村大編『日本軍「慰安婦」関係資料集成』明石書店、二〇〇六年

「戦争と女性への暴力」リサーチ・アクションセンター編『「慰安婦」バッシングを超えて』大月書店、二〇一三年
創価学会婦人平和委員会編『孤児たちの長い時間』第三文明社、一九九〇年
高里鈴代「強制従軍『慰安婦』」那覇市総務部女性室那覇女性史編集委員会編『なは・女のあしあと 那覇市女性史 近代編』ドメス社、一九九八年
田中宏巳編『米議会図書館所蔵占領接収旧陸軍資料総目録』東洋書林、一九九五年
玉木真哲『沖縄戦史研究序説』榕樹書林、二〇一一年
玉城福子「沖縄の『慰安所』研究の再考―住民の役割に注目して―」大阪大学人間科学部『年報人間科学』第三〇号、二〇〇九年
知念春江「玉砕の島サイパンで」座間味村史編集委員会編『座間味村史 下巻 村民の戦争体験・資料編』座間味村役場、一九八九年
土屋礼子「戦後対日情報政策の起点としてのサイパン心理戦」『Intelligence』一一号、一〇一一年三月
津波古ヒサ「『生きていたね』と何度も繰り返し」ひめゆり平和祈念資料館編『生き残ったひめゆり学徒たち―収容所から帰郷へ―』同、二〇一二年
テニアン会記念誌編集委員会編『記念誌 はるかなるテニアン』テニアン会、二〇〇一年
照屋初雄「私の記憶」大城道子編著『赤ん坊たちの〈記憶〉』牧歌舎、二〇一二年
桃原用永『戦後の八重山歴史』私家版、一九八六年
当山全一「琉球政府設立以前の児童福祉」『戦後沖縄児童福祉史』沖縄県生活福祉部、一九九八年
渡名喜守太「歴史修正主義者らによる沖縄戦書き換え」石原昌家編『ピース・ナウ沖縄戦』法律文化社、二〇一一年
友利哲雄「マラリア問題にかかわって」八重山戦争マラリア犠牲者追悼平和祈念誌編集委員会『悲しみをのり越えて』沖縄県生活福祉部援護課、一九九七年
冨山一郎『増補 戦場の記憶』日本経済評論社、二〇〇六年

鳥山　淳『沖縄／基地社会の起源と相克』勁草書房、二〇一三年
仲宗根源和『沖縄から琉球へ』月刊沖縄社、一九八六年
仲地　博「戦後沖縄自治制度史（一）」『琉大法学』第六五号、二〇〇一年三月
中島　洋『サイパン・グアム―光と影の博物誌―』現代書館、二〇〇三年
仲田精昌『島の風景』晩聲社、一九九九年
中野育男『米国統治下沖縄の社会と法』専修大学出版局、二〇〇五年
中野育男「米国統治下沖縄の民政移行と公的扶助・児童福祉」『専修商学論集』九三巻、二〇〇五年七月
名護市史編さん委員会編『名護市史　本編一一　わがまち・わがむら』名護市役所、一九八八年
七尾和晃『沖縄戦と民間人収容所』原書房、二〇一〇年
那覇市教育委員会編『那覇市史　資料篇　第三巻　二関連資料占領地の教育・文化に関する国際会議』同、二〇〇二年
那覇市社会福祉協議会四〇周年記念誌編集委員会編『戦後那覇市の社会福祉の歩み』那覇市社会福祉協議会、一九九六年
南西地域産業活性化センター『旧軍飛行場用地問題調査・検討報告書―二〇〇三年度沖縄県受託事業―』同、二〇〇四年
日本共産党「歴史を偽造するものは誰か―『河野談話』否定論と日本軍『慰安婦』問題の核心―」『しんぶん赤旗』二〇一四年九月二七日
野村　進『日本領サイパン島の一万日』岩波書店、二〇〇五年
林　博史『米軍基地の歴史―世界ネットワークの形成と展開―』吉川弘文館、二〇一一年
平塚柾緒編『グアムの戦い―太平洋戦争写真史―』月刊沖縄社、一九八一年
福地曠昭『哀号・朝鮮人の沖縄戦』月刊沖縄社、一九八六年
福地曠昭『オキナワ戦の女たち―朝鮮人従軍慰安婦―』海風社、一九九二年
米国陸海軍（竹前栄治・尾崎毅訳）『軍政／民事マニュアル（一九四三年十二月二十二日）』みすず書房、一九九八年
防衛庁防衛研修所戦史室編『戦史叢書 沖縄方面陸軍作戦』朝雲新聞社、一九六八年

保坂廣志「沖縄占領研究—米軍の対沖縄公衆衛生・医療救助活動に関する一考察—」『琉球大学法文学部紀要』社会学篇第三四集、一九九二年三月
毎日新聞特別報道部取材班『沖縄・戦争マラリア事件—南の島の強制疎開—』東方出版、一九九四年
前原穂積『生命輝け—米軍占領下におかれた沖縄の社会福祉—』あけぼの出版、二〇〇三年
マグヌス・ヒルシェフェルト（高山洋吉訳）『戦争と性』名月堂書店、二〇一四年
宮城信昇『サイパンの戦いと少年』新報出版、二〇〇二年
宮城栄昌・高宮廣衛編『沖縄歴史地図（歴史編）』柏書房、一九八三年
宮古島市史編さん室『平良市史　第二巻　通史編Ⅱ　戦後編』平良市、一九八一年
宮古島市史編さん委員会編『宮古島市史　第一巻　通史編—みやこの歴史—』宮古島市教育委員会、二〇一二年
宮里政玄『アメリカの沖縄政策』ニライ社、一九八六年
宮良　作『沖縄戦の記録—日本軍と戦争マラリア—』新日本出版社、二〇〇四年
山田有昂「社会福祉」比嘉春潮他編『地方自治七周年記念誌』沖縄市町村会、一九五五年
吉田　裕「敗戦前後における公文書の焼却と隠匿」『現代歴史学と戦争責任』青木書店、一九九七年
吉浜　忍「一〇・一〇空襲と沖縄戦前夜」沖縄県文化振興会公文書館管理部史料編集室編『沖縄戦研究二』沖縄県教育委員会、一九九九年
吉見義明「『河野談話』をどうみるか」『季刊戦争責任研究』第八二号、二〇一四年夏季号
読谷村史編集委員会編『読谷村史　第五巻　資料編四　戦時記録　下巻』読谷村役場、二〇〇四年
陸上自衛隊幹部学校『沖縄作戦講和録』防衛研修所戦史室、一九六一年
陸戦史研究普及会編『陸戦史集九 沖縄作戦（第二次世界大戦史）』原書房、一九六八年
琉球新報開発編『沖縄万能地図』琉球新報社、一九八七年
琉球新報社編『最新版　沖縄コンパクト辞典』琉球新報社、二〇〇三年

琉球政府文教局研究調査課編『琉球史料　第一集』琉球政府文教局、一九五六年
琉球政府文教局研究調査課編『琉球史料　第四集　社会編一』琉球政府文教局、一九五九年ａ（復刻版、那覇出版社、一九八八年）
琉球政府文教局研究調査課編『琉球史料　第五集　社会編二』琉球政府文教局、一九五九年ｂ
琉球政府編『沖縄県史　第八巻　各論編七　沖縄戦通史』琉球政府、一九七一年
琉球大学公開講座委員会編『琉球大学放送公開講座五　沖縄の戦後史』同、一九八七年
歴史学研究会・日本史研究会編『「慰安婦」問題を／から考える』岩波書店、二〇一四年
忘勿石期成会編『忘勿石』忘勿石之碑保存会、一九九二年
ワトキンス文書刊行委員会編『沖縄戦後初期占領資料　第一三巻』（全一〇〇巻）緑林堂書店、一九九四年
Headquarters Ryukyu Commands Military Government "US Army Military Government Activities in the Ryukyus" Summation no.35, Sep 1949
『復刻版　ウルマ新報』第一巻、不二出版、一九九九年
『ＤＡＹＳ　ＪＡＰＡＮ』特集「『慰安婦』一〇〇人の証言」二〇〇七年六月号
『ＤＡＹＳ　ＪＡＰＡＮ』特集「『慰安婦』が見た日本軍」二〇一四年十月号
「南洋群島・日本関係略年表（明治から終戦まで）」（矢内原忠雄文庫南洋群島関係資料展）http://manwe.lib.u-ryukyu.ac.jp/library/digia/tenji/yanai/h7300.html

あとがき

私にとって、沖縄戦と孤児院のテーマは、避けて通れない研究課題である。

それはまず、児童養護施設（戦前は孤児院）の指導員であった私にとって、戦争と孤児院は切っても切り離せない関係にあり、そうした関係を児童福祉研究者として歴史的に研究をすることは、大げさな言い方だが、使命感にも似たような思いがある。

もうひとつは、京都府の山間部の開拓村で生まれ、被爆の地・広島（福山市）で育ち、父を戦争の犠牲者として亡くした私が取り組むべき課題として受け止めている（父は戦時中に毒ガス製造をしていた大久野島に徴用され、戦時中は旧ソ連領のシベリアに抑留された。戦後は「ガス障害者」に認定され、肺がん・肺気腫を患い亡くなった）。

さらにいえば、安全保障関連法をめぐるわが国の方向は、再び戦争への道を歩む可能性が大きいといわざるを得ない。そうした歴史的情勢を踏まえて、日本の戦争のなかでも、最も悲惨な地上戦を余儀なくされた沖縄戦とその犠牲者である孤児と孤児院に関する歴史を掘り起こすことは意味があると考えている。

戦争は、必ず多くの犠牲者を生み出すことになる。沖縄戦においては親・家族を失った孤児が巷《ちまた》に溢れることになり、孤児院が設立されることになった。また家族を失い逸《はぐ》れた孤老のために養老院が建てられたのである。全国的な状況をみれば、戦争は重傷を負った傷痍《しょうい》軍人や民間人の障がい者を生み出すことで、障がい者福祉施設を必要とした。さらに戦闘によって夫を失うことが寡婦《かふ》を生み出すことになり、母子寮（現在の母子生活支援施設）の開設が社会的に必要とされたのである。戦争は必ず死者・戦傷者・戦病者を生み出し、〝戦争の後始末〟としての福祉事業を必然的に生み出すことになる。そうした現実について、本書は戦後沖縄における児童福祉の空白を埋める歴史研究のひとつの回答である。

本書で論究している日本軍「慰安婦」問題をめぐって、国際的にも国内的にも政治的な駆け引きが展開されているが、歴史の事実・現実・真実を学び続ける姿勢が問われている。私たちには歴史の真実を学ぶ義務と歴史を掘り起こす責任がある。戦後七一年を再出発点にして、戦後一〇〇年をめざして歩みを続けたいと思っている。

本書は沖縄の現実と歴史を踏まえて、普天間基地の辺野古への移設問題で県民の民意に基づいて闘っている人々への私なりのエールである。国の方向をめぐって安全保障関連法が昨年九月一九日未明に成立し、改憲への道筋を強引に開くこととなった。国の基本的スタンスとしての立憲主義と民主主義と平和主義を踏みにじることになったが、同時に憲法を学び守ろうとする各界各層の運動が繰り広げられ、新たな国民的な運動の体験を学習することとなった。今年は本格的に憲法「改正」が論議されることになろうが、沖縄戦を学ぶことを通して、戦争の非人間性をえぐり出すことは歴史研究の使命ともいえる。歴史の事実を論究することに終止符はないのである。

いま問われていることは、軍事力で国家の安泰が確保されていてこそ国民のいのちと安全が保障されると考えるのか、あるいは国民一人ひとりのしあわせが束となって、国のしあわせがあると考えるのかという分岐点である。日本国憲法のしあわせ観は、まさに国民の〝いのちの尊厳〟の尊重を前提に、個人の尊厳と基本的人権が保障されている姿のなかにある。

本書の出版は、私にとっては人生の宿題のひとつを果たした想いがある。一九七三年三月、大学三年生で沖縄にはじめて訪れたときに、まさに基地の中に沖縄があるという強烈な印象が脳裏に焼き付けられた。これが日本なのかと愕然としたことを覚えている。観光バスの車窓から基地の写真を撮っていたら、「お客さん、基地は撮らないでください」とガイドさんから注意されたことも、日本復帰後の沖縄の現実として心に残っている。そうした現実に接して以来、沖縄は私にとって忘れてはならない存在であり、何かをしなければならない課題であり続けた。その意味で、本書は私なりに沖縄問題に本気で取り組んだひとつの研究成果であり、沖縄戦後史の空白を埋める孤児院研究と児童福祉事業に関する研究である。

また、日本福祉大学大学院でご指導をいただいた高島進名誉教授に、修士論文「日本養護施設史研究序説」の執筆指導を通してお世話になったまま、歴史研究から遠ざかった私としては、大学院修了後の三七年間、政策批判や実践研究を中心に書いてきたが、本書の出版が恩師の指導に対して、ささやかな恩返しになれば望外の幸せである。

沖縄では、沖縄国際大学の石原昌家名誉教授に本テーマに関する示唆とご教示をいただくことが多かった。その後もさまざまなご指導をいただいており、私は迷惑を顧みず勝手に石原先生の弟子と称している。

元沖縄県知事の大田昌秀先生（国際平和研究所理事長）には、本書の出版に際して、推薦文の執筆をお願いし、快く引き受けていただいたことに心から感謝したい。

なお本研究は二〇一一年度に立教大学の国内研究（サバティカル）の機会を与えられたことで、沖縄国際大学で研究員として受け入れていただき、「沖縄戦と孤児院」の本格的な研究に着手したものである。沖縄の方々には聴き取り調査などで多大なご協力をいただいたことに、謹んでお礼を申し上げる次第である。

とくに第二章および補章に関わって、松本忠司氏とご家族のみなさまには、史料提供とインタビューなど大変お世話になった。あらためてお礼を申し上げたい。

末筆で恐縮だが、吉川弘文館の大熊啓太さんにはていねいに原稿を見ていただき、出版に至るまで大変お世話になった。また同編集部の永田伸さんには出版への労をとっていただきましたこと、心よりお礼を申しあげたい。

今後、本書で正面から取り上げることのできなかった一〇ヵ所余りの孤児院の研究・調査を重ねて、『続・沖縄戦と孤児院』としてできるだけ早い時期にまとめたいと考えている。

本テーマはこの時代だからこそ深めなければならない研究課題であり、真摯に歴史研究を続ける決意である。多くの方々に読んでいただき、忌憚のないご批判・ご意見をいただけることを切望している。

浅井春夫

戦後七一年のはじまりの日に

著者略歴
一九五一年、京都府に生まれる
一九七四年、龍谷大学法学部卒業
一九七六年、日本福祉大学社会福祉学部卒業
一九七八年、同大学院社会福祉学研究科博士課程前期課程修了
児童養護施設調布学園児童指導員・白梅学園短期大学専任講師を経て
現在、立教大学コミュニティ福祉学部福祉学科教授

主要編著書
『脱『子どもの貧困』への処方箋』（新日本出版社、二〇一〇年）
『沖縄の保育・子育て問題』〈共編〉（明石書店、二〇一四年）
『戦争と福祉についてボクらが考えていること』〈共著〉（本の泉社、二〇一五年）

沖縄戦と孤児院
戦場の子どもたち

二〇一六年（平成二十八）三月二十日 第一刷発行

著者 浅《あさ》井《い》春《はる》夫《お》

発行者 吉川道郎

発行所 株式会社 吉川弘文館
郵便番号一一三―〇〇三三
東京都文京区本郷七丁目二番八号
電話〇三―三八一三―九一五一〈代〉
振替口座〇〇一〇〇―五―二四四番
http://www.yoshikawa-k.co.jp/

印刷＝株式会社 ディグ
製本＝ナショナル製本協同組合
装幀＝清水良洋・渡邉雄哉・宮崎萌美

ISBN978-4-642-08292-1

沖縄戦　強制された「集団自決」

林　博史著　（歴史文化ライブラリー）四六判・二七〇頁／一八〇〇円

二〇〇七年の教科書検定で大きな波紋を呼んだ「集団自決」問題。生存者の証言・新資料などによる沖縄戦の検証から、その実態と全体像に迫る。「集団自決」の原因を〈天皇制国家の支配構造〉から解き明かした問題作。

沖縄　空白の一年　1945―1946

川平成雄著　A5判・三一〇頁／二八〇〇円

鉄と血の嵐が吹き荒れた沖縄戦。米軍は戦争終結後を見据えた戦略があった。必死に生きる住民の姿、焦土の中での経済復興の経過を詳細に描き、謎につつまれた〝空白の一年間〟を解明。「戦後」なき沖縄の原点に迫る。

沖縄　占領下を生き抜く　軍用地・通貨・毒ガス

川平成雄著　（歴史文化ライブラリー）四六判・二三八頁／一七〇〇円

米国に二七年間も占領統治され、今も苦しむ沖縄。強制的土地接収による基地建設、五度の通貨交換、毒ガス貯蔵発覚と住民の「見えぬ恐怖」との闘い、という三つの現実に焦点を絞り、占領下を必死に生き抜く人々を描く。

（価格は税別）

吉川弘文館